Wahrheit und Wagnis

D1829520

Rudolf Pfisterer

Juden
Christen

---

getrennt
versöhnt

Schriftenmissions-Verlag Gladbeck

Wahrheit und Wagnis – Eine Schriftenreihe
herausgegeben von Fritz Mybes

3. erweiterte Auflage

1973 im Schriftenmissions-Verlag Gladbeck
Umschlag: Gerd Meussen, Essen
Titelfoto: Hans Lachmann, Düsseldorf
Druck: Krämer & Banker, Gelsenkirchen-Buer

ISBN 3 7958 0057 9

INHALT

Einleitung

Die Grundeinstellung zwischen Juden und Christen kann für die Christen aus Römer 11,28 erhoben werden. Diesen Vers erläutert man zutreffend wohl so: „Sie (die Juden) sind (noch) Feinde (besser: Gegner) nach dem Evangelium um euretwillen, sie sind aber (schon immer) nach der Erwählung Geliebte um der Väter willen.“ Es ist ein Test für sachgerechtes Reden über Juden und Christen, wenn die in diesem Text vorhandene Spannung durchgehalten und nicht kurzschlüssig in irgendeinen menschlichen Standpunkt aufgelöst wird. Es gilt wirklich zu vermeiden, daß man auf der einen oder anderen Seite aus dem Sattel fällt. Dies geschieht aber, wenn man nur noch den Bruch oder nur noch die Solidarität zwischen Juden und Christen anzuerkennen bereit ist. Eine ausschließliche Betonung des Bruches ohne die Berücksichtigung einer durch die Erwählung vorgegebenen Solidarität – diese Einstellung hat sich in der Kirchengeschichte im allgemeinen durchgesetzt – ist die Wurzel des Antisemitismus aller Schattierungen. Aber ein Übersehen des noch bestehenden Bruches reduziert die Solidarität zwischen Juden und Christen zu einer oberflächlichen und bedeutungslosen Höflichkeitsbezeugung. Dabei geht es bei dieser Dialektik nicht um die Statik fein gegeneinander ausgewogener Standpunkte, sondern um die Dynamik des Übergewichtes des Handelns Gottes an Juden und Christen, die diese beiden Gruppen in der Hoffnung auf Gottes Reich zur Begegnung führen und gemeinsam nach vorwärts bewegen darf.

In der Geschichte der Christenheit ist der Nachdruck mehr auf den Unterschied zwischen Juden und Christen gelegt worden. Die Grenze wurde deutlich sichtbar – und war wie durch einen abgrundtiefen Graben markiert. Man vergaß dabei fast vollkommen, daß an dieser Grenze der Jude Jesus von Nazareth stand, der die Juden nicht verstoßen hat, sondern auf sie wie auf die ganze Welt wartet. Die von unheiliger Ungeduld übermannte Kirche konnte in dem Verharren Israels nur böswilligen Widerstand sehen – ein Zeichen einer tiefgreifenden Verstokkung, die sich nach der Meinung der Christenheit zu einer heillosen Verwerfung steigerte. Man verlor es immer mehr aus dem Blickfeld, daß Israel – und darum den Juden – bis ans Ende der Tage das Siegel der Erwählung aufgeprägt bleibt und daß Gottes Treue in einem unverbrüchlichen Bunde sie umfaßt und uns mit ihnen zusammenschließt. An Stelle der Partnerschaft, die sich in einem geistlichen Wettbewerb (Röm. 11,14) äußern sollte, wurde Front gegen das Judentum und die Juden bezogen und der Kampf von seiten der Christenheit aufgenommen. Von dieser Abwehrhaltung her, in der man die Juden als Feinde betrachtete, setzte sich in der Christenheit immer mehr eine unheimliche Abneigung gegen das Judentum und die Juden durch, zunächst noch in Gestalt literarischer Polemik, später aber in Ausbrüchen von Haß, die sich oft in grauenhaften Pogromen niederschlugen.

Ein recht unguter Ton wurde hier von dem Kirchenvater Johannes Chrysostomus in seinen acht Predigten gegen die Juden angeschlagen (386/387 in Antiochien). Nur zwei Beispiele aus dieser giftigen Blütenlese: „Nenne sie (die Synagoge) Hurenhaus, Lasterstätte, Teufelsasyl, Satansburg, Seelenverderb, jedes Unheils gähnenden Abgrund oder was immer, so wird er noch immer weniger sagen als sie verdient hat." Und ist die Grenze des Erträglichen nicht weit überschritten, wenn die Juden folgendermaßen charakterisiert werden: „Wie ein gemästetes, arbeitsunfähiges Tier taugen sie nur noch für die Schlächterei"? Dieser Stil wurde in der Christenheit im allgemeinen der beherrschende. Obwohl Martin Luther am Anfang seines Wirkens aus diesem Teufelskreis der Abneigung gegen die Juden ausbrach – vor allem in seiner Schrift: „Daß Jesus Christus ein geborener Jude sei" (1523): „Wenn die Apostel, die auch Juden waren, also hätten mit uns Heiden gehandelt, wie wir Heiden mit den Juden, dann wäre nie ein Christ unter den Heiden geworden" –, fiel er genau zwanzig Jahre später in den damals gegenüber den Juden allgemein üblichen Ton zurück. In seiner Schrift „Von den Jüden und ihren Lügen" (1543) forderte er harte Maßnahmen, unter anderem in einem dort aufgestellten Sieben-

Punkte-Programm. „Ich will meinen treuen Rat geben ..., daß man ihre Synagogen oder Schulen mit Feuer anstecke ..., daß kein Mensch einen Stein oder eine Schlacke davon sehe ewiglich. Und solches soll man tun unserem Herrn und der Christenheit zu Ehren." Er formulierte damit nur in seiner Art, was sein Zeitgenosse, der bekannte Gelehrte Erasmus von Rotterdam, in die bitteren Worte kleidete: „Wenn es die Rolle eines guten Christen ist, die Juden zu verabscheuen, dann sind wir alle gute Christen." Man kann darum verstehen, wie ein aus den furchtbaren Pogromen in Rußland im Anfang dieses Jahrhunderts entronnener Jude reagierte. Ein Christ, ein wirklicher Menschenfreund, hatte diesem Verfolgten zur Linderung seiner Not einen größeren Geldbetrag gegeben. Ein in Deutschland heimischer Jude, der diesen Flüchtling begleitete, wies ihn darauf hin mit den Worten: „Da sehen Sie, wie es hier ist; der Herr, der es Ihnen gegeben hat, ist ein Christ." Plötzlich veränderte sich der Gesichtsausdruck dieses Gehetzten, er eilte dem Geber nach und gab ihm das Goldstück zurück: „Von einem Christen nehme ich kein Geld an. Gott bewahre mich!" Wie tief müssen der Abscheu und die Angst sitzen, wenn jemand sich so verhält. In einem ähnlichen Sinn äußerte sich ein zeitgenössischer Rabbiner: „Die Juden hassen Christum nicht; sie fürchten ihn. Jesus lebt in der Vorstellung der Juden als das Symbol der Kreuzritter, die Tausende von Juden in seinem Namen abschlachteten, als das Symbol der Inquisition und der Folterkammern, als das Symbol der Ketzerjagden der Ausstoßung, der Pogrome, der gelben Sterne, des Antisemitismus ..."

Ob es uns gefällt oder nicht –, wir müssen dieser für uns schmerzlichen Wahrheit ins Gesicht sehen, ohne sie abzuschwächen oder sie zu verharmlosen. Durch Christen – und hier vor allem durch ihr Verhalten – wurde den Juden Christus verekelt. Schon Philipp Jakob Spener wies (1675) auf diese Schändung Christi bei den Juden durch die Christen hin: „... es müsse unser Jesus ein böser Mensch gewesen sein, wo sie (die Juden) ihn und seine Lehre aus ihrem (der Christen) Leben urteilen, also daß wir nicht können in Abrede stellen, daß dieses der bisherigen Verstockung der Juden und Hindernis dero Bekehrung eine große Ursache gewesen ist, das Ärgernis, so diese armen Leute an uns nehmen."

Woher kam diese schreckliche Abneigung, die eine so tiefe Kluft zwischen Juden und Christen hervorrief?

I. Der tiefe Riß

1. Die geistliche Enterbung

Schon bald setzte sich in der Christenheit der dem Zeugnis des Neuen Testaments widersprechende Gedanke durch, die Kirche sei an die Stelle Israels getreten, das durch seinen Widerstand gegen den Jesus von Nazareth und seine Beteiligung an dessen Kreuzigung die Zugehörigkeit zum Bunde Gottes eingebüßt und damit das Siegel der Erwählung verwirkt habe. Diese geistliche Enterbung Israels legte sich der Kirche wegen der Begegnung mit den Heiden auf dem Missionsfelde nahe. In der Verkündigung der Kirche kam ja zum Ausdruck, in dem Jesus von Nazareth sei der Messias Israels als der Heiland der Welt auf den Plan getreten. Warum, so fragten die Heiden, erkennen ihn dann die Juden nicht als erste an? Man entgegnete darauf, die Juden seien ja gar nicht mehr Israel; das wahre Israel sei jetzt ausschließlich die Kirche, auf die alle Verheißungen Gottes rechtmäßig übergegangen seien. Diese These wurde dadurch noch untermauert, daß man in jeder nur denkbaren Weise die Juden in Mißkredit brachte. Ihr Festhalten am väterlichen Erbe der Erwählung wurde als unbelehrbare Starrköpfigkeit gedeutet, die einen widerrechtlichen Charakter trage; jedes Pochen der Juden auf die Erwählung sei nichts anderes als gotteslästerliche Anmaßung. In dem recht judenfeindlichen Barnabasbrief (Anfang 2. Jahrhundert) heißt es: „Das Testament gehört in Wahrheit uns; sie (die Juden) haben das ehemals durch Mose empfangene Testament verloren." Justinus Martyr hieb kurz darauf in die gleiche Kerbe: „In eurer Schrift stehen sie (die Worte der Verheißung) oder vielmehr nicht in der euren, sondern in der unsrigen(!)."

Die Bestreitung der Erwählung Gottes verbindet sich schon früh mit der Behauptung von deren Verwerfung. Sie wurde sogar, wie Tertullian (150–222) dies tat, aus dem Alten Testament abgeleitet: „In der Prophezeihung des Alten Testaments ist die Ankunft Christi zur Erlösung der Heidenvölker angekündigt, aber auch die Verwerfung der

Juden." Diese wenigen Zitate, die für eine unübersehbare Fülle stehen, mögen genügen. Es wird deutlich: Im Gegensatz zum klaren Wortlaut der Heiligen Schrift (Röm. 11,2; 3. Mose 26,44 u. a.) wurde den Juden das Brandmal der Verwerfung und des Fluches aufgeprägt. Die Juden haben darein nie eingewilligt, und sie hatten bei diesem ihrem Protest Wortlaut und Sinn der Heiligen Schrift auf ihrer Seite. So erklärte Josua ben Levi (320 n. Chr.): „Selbst eine eiserne Scheidewand kann keine Trennung bewirken zwischen Israel und seinem Vater im Himmel." Diese Gewißheit von der Unaufhebbarkeit des Bundes zwischen dem Gott Israels und dem Israel Gottes bezeugt eine andere Stelle aus der jüdischen Literatur: „Wenn auch alle Völker der Erde sich versammeln würden, die Liebe Gottes zu Israel aufzuheben, sie vermögen es nicht." Wir sollten uns doch klarmachen, daß wir als Christen durch den Jesus von Nazareth als dem Messias Israels in dessen Haus eingezogen sind, ohne daß die seitherigen Bewohner durch eine Räumungsklage aus diesem Hause gewiesen worden wären.

2. Der Gottesmord

Eine besondere Verschärfung erfuhr diese Eingenommenheit gegen die Juden durch die Belastung dieses Volkes mit der Anschuldigung des Gottesmordes. Die Alleinschuld am Kreuzestode Christi wurde den Juden auferlegt, während doch nach klarem Zeugnis der Heiligen Schrift die Hinrichtung des Jesus von Nazareth sachlich wie historisch eine eindeutige „Gemeinschaftsleistung" von Juden und Heiden war. Wenn wir unter dem Eindruck des Geschehens am Kreuze noch mit Fingern auf die andern (wie sie auch heißen mögen!) deuten können, anstatt an die eigene Brust zu schlagen: „Ich, ich und meine Sünden, die sich wie Körnlein finden des Sandes an dem Meer, die haben dir erreget, das Unheil, das dich schläget . . ." (Paul Gerhardt), solange wir noch in einer solch versteinten, den anderen richtenden Unbußfertigkeit verharren, haben wir vom Sinn des Kreuzes noch gar nichts begriffen. Denn dieses Geschehen ist nicht der Ansatzpunkt für irgendeine Vergeltungsaktion, zu deren Vollstrecker wir uns aufwerfen dürften.

Leider ist dies aber innerhalb der Christenheit weithin geschehen. Dabei hat vom 4. Jahrhundert an jener Ruf der Jerusalemer Masse vor dem Richthaus des Pilatus eine unheilvolle Rolle gespielt: „Sein Blut komme über uns und unsere Kinder" (Mt. 27,25). Dieses Wort wurde immer mehr in dem Sinne verstanden, als hätten sich die Juden dadurch einen nicht mehr auszulöschenden Fluch zugezogen. Diese Anschauung wirkt noch kräftig bis in unsere Tage hinein. Ist aber den Juden durch diesen Schrei wirklich das unheimliche Zeichen des Gottesmordes und der Verfluchung für alle Zeiten eingebrannt worden?

Ehe wir auf diese Frage antworten, sei an einigen Beispielen kurz dargetan, wie tief sich die Meinung von der Verwerfung der Juden im Zusammenhang mit der Kreuzigung im Bewußtsein der Christenheit festgesetzt hat. In seiner Instruktion für seinen Nachfolger äußerte sich der fromme, dem Pietismus nahestehende König Friedrich Wilhelm I. von Preußen (22. Januar 1722): „Was die Juden anbetrifft, so sind leider viel in unseren Ländern ... Ihr müßt sie drücken; denn sie sind die Verräter Christi, und ihr dürft ihnen nicht trauen. Denn der redlichste Jude ist ein Erzbetrüger und Schelm. Des seid persuadieret." Diese fatale Verknüpfung von angeblicher Alleinschuld der Juden an der Kreuzigung, der daraus sich ergebenden Verwerfung und den dadurch über sie hereinbrechenden Leiden bricht gerade in der Berufung auf diese mißverstandene Bibelstelle immer wieder durch. Im Ulmer Einsatzkommandoprozeß (1958) fragte der Anklagevertreter einen Pfarrer, warum er denn zu den in seiner Gemeinde verübten Scheußlichkeiten an den Juden geschwiegen habe; nach längerem Zögern gab dieser darauf die Antwort, er sei der Meinung gewesen, daß sich hier an den Juden die Selbstverwünschung erfülle, die sie durch ihren Schrei vor dem Richthaus des Pilatus über sich selbst ausgesprochen haben. Kann es denn wundernehmen, wenn diese Auffassung sich durch einen entsprechenden Religionsunterricht bei den Kindern festsetzt? So heißt es im Ergebnis einer 1961 veranstalteten Umfrage? „Sind die Juden nicht bis heute verfolgt worden? Schon in der Bibel steht: ‚Sein Blut komme über euch und eure Kinder.' Für Hitler waren diese Juden, kraß gesagt, schlechtes Unkraut, und deshalb mußten sie vernichtet werden."

Stimmt diese Auslegung dieser Schriftstelle, die beim letzten Zitat sogar Jesus selbst in den Mund gelegt wird? Nein. Einmal sollte man sich daran erinnern, daß das Blut Jesu Christi nach dem Zeugnis des Neuen Testamentes (vgl. 1. Joh. 1,7 und 9) gerade nicht ein Zeichen des Zornes und der Verwerfung, sondern des Segens und der Rettung ist. Wir machen uns einer folgenschweren Verwechslung schuldig, wenn wir das Blut Jesu Christi gleichsetzen mit dem Blut Abels, der hier für alle erschlagenen Menschenbrüder stehen möge. Das Blut Abels schreit nach Vergeltung, das Blut Christi aber bringt die Versöhnung (vgl. Hebr. 12,24). Ob dieses Angebot angenommen wird oder nicht, ändert am Friedenscharakter dieses Blutes Jesu Christi nichts. Dazu noch eine zweite Bemerkung: Jesus hat vor seinem Tode ausdrücklich für seine Henker gebetet (Lk. 23,24). Wollte man diese Fürbitte nur auf die unter dem Kreuze stehenden römischen Soldaten beziehen, die Juden aber ausdrücklich davon ausklammern, so käme diese willkürliche Halbierung der Vergebung einer Gotteslästerung gleich. Im übrigen sollten wir Christen uns ja vor dem mehr als befremdlichen, weil heidnischen Gedanken hüten, als ziehe ein von uns Menschen ausgestoßener Ruf automatisch eine Ratifizierung von seiten des lebendigen Gottes nach sich, wenn wir schon – was nicht stimmt – eine Selbstverfluchung annehmen wollen. Mit was für einem Gott rechnen wir denn eigentlich, wenn wir diesen Schluß für berechtigt halten? Ist dies dann noch wirklich der Herr über unser Leben oder nicht vielmehr ein Lakai, der unsere Wunschzettel unterschreiben muß?

3. *Die Zerstreuung*

Eng verknüpft mit der Behauptung von der angeblichen Verwerfung ist die Aussage, die Juden seien zur Strafe für die Kreuzigung Christi in alle Welt zerstreut worden. Diese Meinung tritt uns etwa in der Äußerung Isidors von Sevilla (7. Jahrhundert) entgegen: „Die Juden wurden zur Strafe für die Kreuzigung zerstreut und Jerusalem zerstört." In den Kreisen der christlichen Gemeinde hat sich diese Anschauung so selbstverständlich festgesetzt, daß sie kaum mehr ernsthaft überprüft wurde. Man muß dieser unguten Legendenbildung aber widersprechen, weil sie dem historischen Tatbestand zuwiderläuft. Denn die Diaspora des Judentums war schon zu Lebzeiten Jesu eine vollendete Tatsache (vgl. auch Mt. 23, 15). Auch waren ja „die aus allerlei Volk" an Pfingsten versammelten Menschen Juden oder Proselyten (Judengenossen) (vgl. Apg. 2, 5), die allerdings nicht mehr Hebräisch oder Aramäisch, sondern nur noch die Sprache ihrer neuen Umgebung sprachen. Im Jahre 14 n. Chr. lebten etwa sechs bis sieben Millionen Juden. Sie machten sieben bis acht Prozent der Gesamtbevölkerung des römischen Reiches aus; davon lebte nur ein Teil in Palästina (die wissenschaftlichen Schätzungen schwanken zwischen 500 000 und 2 Millionen).

Auf der anderen Seite verschwanden die Juden auch nach der Katastrophe des Jahres 70 nicht wie mit einem Zauberschlag aus Palästina, wie man dies weithin anzunehmen scheint. Diese Niederlage war gewiß ein furchtbarer Aderlaß. Aber schon 60 Jahre später fühlten sich die Juden stark genug, um in einem dreijährigen Krieg (132–135) unter Bar-Kochba der römischen Weltmacht zu trotzen; dieser Krieg wurde durch den scharfen Kurs des damaligen Kaisers in der Behandlung der Juden ausgelöst (Verbot der Beschneidung und Bau eines heidnischen Tempels in Jerusalem). Auch nach der blutigen Beendigung dieser schrecklichen Kämpfe lebten noch viele Juden als geistlich recht lebendige Minderheit im heiligen Lande; sie standen unter der Oberhoheit eines Patriarchen, der seinen Sitz in Tiberias hatte und von den Römern protokollarisch als Fürst respektiert wurde. Erst die Kreuzfahrer (1096–1099) können sich den seltsamen Ruhm zuschreiben, die jüdische Bevölkerung in Palästina fast ausgerottet zu haben. Dabei scheuten sie auch nicht vor grausamen Maßnahmen zurück; so schlossen sie zum Beispiel in Jerusalem alle Juden vom Säugling bis zum Greis in der Synagoge ein, an die sie Feuer legten, so daß alle Juden darin elend umkamen. Aber auch danach gab es noch Juden in Palästina, wenn auch nur noch in kleineren, weniger bedeutenden Gruppen. Palästina ist tatsächlich nie ganz ohne Juden gewesen.

4. Bürgerliche Entrechtung

Der Gedankenkomplex von der Verwerfung und Zerstreuung der Juden setzte sich nicht nur im theologischen Bereich durch, sondern hatte auch seine Konsequenzen innerhalb der Sphäre der politischen Ordnung und des sozialen Gefüges. Die Juden wurden als fremdes Element immer mehr aus der Gleichstellung mit den andern Bürgern verdrängt, vor allem nach der „Machtergreifung des Christentums", also von dem Zeitpunkt an, in dem die Kirche einen immer weiter reichenden Einfluß auf die Gesetzgebung und die Gestaltung des öffentlichen Lebens gewann. Es nimmt nicht wunder, daß diese soziale Deklassierung mit dem angeblichen Fluch über die Juden noch in jüngster Vergangenheit in Beziehung gesetzt wurde; es heißt da bei einem Theologen: „Was die Juden zu einem das Volkstum zersetzenden Element macht, hat letzthin seinen Grund in dem Fluch, der seit der Kreuzigung Jesu über dieser Rasse lastet." Als ob jener nicht aufzuhebende Abstand des Gottesvolkes von den Mächten und Gestalten dieser Welt ein Zeichen der Verstoßung für dieses Volk und nicht vielmehr ein Ausrufungszeichen für alle Völker der Welt wäre, sich nicht eigenen Gottheiten bedingungslos zu ergeben! Und als ob die Kirche gut beraten wäre, hier nicht an der Seite dieser Herausgerufenen zu stehen! Doch war es die Überzeugung der führen den Theologen, die Juden seien verworfen, und dieser Standpunkt bildete vom 4. Jahrhundert an die Grundlage, die Juden zu Staatsbürgern zweiter Klasse zu stempeln.

Einmal wurden die Juden aus allen Stellungen entfernt, in denen sie Weisungsbefugnis und Kommandogewalt über Christen ausüben konnten. Das bis in unsere Tage hinein dafür gültige, ausschlaggebende Modell ist eine im Codex Theodosianus (438) niedergelegte Verfügung, in der es heißt: „Wir halten es für eine Sünde, daß die Feinde der himmlischen Majestät und der römischen Gesetze die Vollstrecker unserer Gesetze sein sollen . . . und daß sie auf Grund der Autorität des erworbenen Rangs die Macht haben sollen, nach ihrem Belieben über Christen zu richten und zu entscheiden, ja selbst häufig über Bischöfe unserer heiligen Religion; das beleidigt unseren Glauben." Diese Gedanken werden durchgeführt. So heißt es im Breviarium des Alarich (Mitte des 5. Jahrhunderts), man müsse die Juden von allen öffentlichen Ämtern, auch von dem des Gefängnisaufsehers, ausschließen, damit sie nicht unter Umständen auf Grund irgendeiner Funktion Christen und sogar Priester verfolgen können „und damit die Feinde unseres Gesetzes nicht mit unseren Gesetzen verfolgen und verurteilen können". Diese Meinung wurde auch von den modernen Antisemiten übernommen, die sich natürlich hier nicht um irgendeine christliche Begründung bemühten. So wird gegen das Ende des 19. Jahrhunderts folgende Stimme laut: „Der erste leitende Grundsatz in der Judeneinschränkung muß aber der sein, das Judenrecht so zu gestalten, daß kein Rassejude über einen Deutschen, Franzosen, Engländer, Russen usw. richterliche, verwaltende oder sonst befehlshaberische Funktionen ausübe" (Eugen Dühring). Man muß in diesem Zusammenhang auch an den von den Nationalsozialisten eingeführten Arierparagraphen denken, durch den alle Beamten jüdischer Herkunft aus ihren Stellungen entfernt wurden. Auch hier kam der Grundsatz zur Anwendung: Kein Jude darf über einen Nichtjuden gebieten.

Aber auch ein anderes wichtiges Tätigkeitsfeld wurde den Juden schon früh verschlossen. Dies war die Landwirtschaft. Die Verdrängung aus diesem Arbeitsbereich begann damit, daß man den Juden die Beschäftigung christlicher Arbeitskräfte untersagte. Dadurch wurde die Konkurrenzfähigkeit der Juden in der Landwirtschaft stark eingeschränkt, einmal dadurch, daß im Zug der fortschreitenden Christianisierung immer weniger heidnische Sklaven aufzutreiben waren, und auch deshalb, weil ein nichtchristlicher Sklave sofort die Freiheit gewann, wenn er sich dem Christentum zuwandte, und zwar ohne daß dem Juden dafür irgendeine Entschädigung zuteil wurde. Man muß sich hier unwillkürlich die Frage stellen: Wer unter uns würde Kapital in ein derart unsicheres Geschäft investieren?

Von seiten der Christenheit wurden aber Sklaven bei Juden noch aus einem anderen Grunde nicht gerne gesehen. Sie waren ja dort dem Werben der Juden für ihren Glauben ausgesetzt. Die Anziehungskraft des jüdischen Glaubens bildete eine ernsthafte Konkurrenz für das Christentum, auch nachdem dasselbe schon längst Staatsreligion geworden war. Man wollte durch das Sklavenverbot für die nach außen gerichtete Lebensäußerung des Judentums Grenzen ziehen.

Das allmähliche Ausscheiden der Juden aus der Landwirtschaft im ganzen ist gegen das Jahr 1000 abgeschlossen.

Noch ein anderer Berufszweig war den Juden verwehrt, nämlich das Handwerk. Um ein Handwerk ausüben zu können, mußte man den Zünften angehören; diese Berufsgenossenschaften waren gleichzeitig auch als kirchliche Bruderschaften organisiert, die sich um das Sakrament des Altars scharten. Deshalb waren die Juden als Juden von allen derartigen Vereinigungen und damit auch von jeder handwerklichen Betätigung ausgeschlossen. Gerade in diesem Zusammenhang wird besonders deutlich, wie die Juden wegen dieser engen Verquickung zwischen sakralem Bereich und politischer Ordnung als Bürger minderen Rechtes angesehen wurden. Schon in den Novellen Justinians (6. Jahrhundert) ist davon die Rede, daß sie „verabscheuungswürdige Menschen seien, die im Finstern sitzen und in ihrem Geist die Mysterien nicht wahrnehmen". Unter Mysterien wurden aber gerade die Sakramente des christlichen Glaubens verstanden.

5. Der Geldhandel

Dieser Ausschluß aus dem normalen Erwerbsleben brachte es mit sich, daß die Juden zum Geldhandel gedrängt wurden. Diese Tätigkeit der Juden wurde noch dadurch begünstigt, daß den Christen durch das kanonische Zinsverbot eine derartige Beschäftigung zunächst verbaut war. Treffend beschreibt Petrus Abälard (1079–1142) diese Zwangslage der Juden: „Äcker und Weingärten können die Juden nicht haben, weil niemand ihren Besitz garantiert. Also bleibt ihnen als Erwerb nur das Zinsgeschäft, und dieses macht sie wieder bei den Christen verhaßt."

Gegen diese Betätigung im Geldgeschäft sprachen sich übrigens auch die Lehrer des jüdischen Volkes aus. So heißt es in einer Äußerung aus dem 12. Jahrhundert: „Man soll den Heiden nicht auf Zins leihen, wenn man sein Leben auf andere Weise ernähren kann." Aber da die Juden sich in einer Notlage befanden – nämlich kaum einem anderen Erwerb nachgehen zu können – wurde sofort eine Klausel angefügt; der Rabbiner fährt deshalb fort: „Aber im gegenwärtigen Zeitpunkt, in dem der Jude weder Äcker noch Weinberge besitzen kann, ist das Geldverleihen auf Zins notwendig und erlaubt." Diese grundsätzliche Ablehnung des Zinsgeschäfts liegt auf der Linie des Talmud: „Wer Zins annimmt, den betrachtet die Schrift wie einen, der alle Verbrechen und Übertretungen der Welt begangen hätte."

Daß die Juden trotzdem im Geldverleihen tätig werden mußten, entspricht also in keiner Weise irgendeiner besonderen angeborenen Anlage, sondern rührt einzig und allein aus dem Zwang und Druck der Verhältnisse her. Ohne Geld hätten sie ihr Leben überhaupt nicht fristen können. Denn für fast jede Lebensäußerung der Juden von der Wiege bis zum Grabe waren die verschiedenartigsten Steuern festgesetzt. So berichtet der schon oben erwähnte Abälard. „Wenn sie zum nächstgelegenen Ort reisen wollen, müssen sie mit hohen Geldsummen den Schutz der christlichen Fürsten erkaufen, die in Wahrheit ihren Tod wünschen, um ihren Nachlaß an sich zu reißen." Die ganz heikle Lage der Juden bewog später Kaiser Friedrich III. (1470) zu dem ausdrücklichen Zugeständnis: „Wo der Christ 10 Schock nimmt, soll der Jude 20 im Jahre nehmen dürfen, weil, wenn er so wenig nähme wie der Christ, er nicht leben könnte, da er zuerst Uns gegenüber seinen Pflichten nachkommen muß, zweitens dem Herrn, dessen Schutz er sich empfohlen hat, zahlen muß, . . . viertens selten ein Amt, dessen Dienst er nötig hat, ihn umsonst entläßt, und er endlich selbst etwas haben muß, um davon mit Weib und Kindern leben zu können."

Wahrhaftig, keine besonders erfreuliche Erlaubnis, wenn man auf die Auswirkungen blickt, die ein solch hoher Zinsfuß hervorrufen mußte. Natürlich mußten die Juden unter diesen Umständen als geldgierig verschrien werden. Man machte sich aber keine Mühe, nach den Ursachen zu forschen, durch die die Juden zu solchen Forderungen geführt werden. Es ist weder menschlich noch christlich, mit welcher „theologischen" Begründung man den Juden die Last des Zinsgeschäftes aufbürdete. Man führte aus, die Juden seien doch einmal verloren, so daß es auf eine Anzahl Sünden mehr oder weniger nicht ankomme.

Dabei soll aber nicht verschwiegen werden, daß die Juden in der Zeit des Mittelalters nur mit ganz geringfügigen Transaktionen befaßt werden, während sich Christen wie die Medicis und die Lombarden, die Cahorsiner, die Fugger und die Welser – um nur die bekanntesten zu nennen – das gewinnbringende große Geldgeschäft nicht entgehen ließen. Schon vom 13. Jahrhundert ab drängte die Konkurrenz von seiten der Christen auf diesem Gebiet die Juden zurück. Es ist darum einfach ein Mythos, das Geldgeschäft als jüdisches Monopol zu bezeichnen. Trotzdem wurden die Juden aber in einem steigenden Maße mit dem Odium des aus dem Umgang mit dem Geld sich ergebenden Betrugs gebrandmarkt. So ließ die Kaiserin Maria Theresia noch im 18. Jahrhundert verlauten (1777): „Ich kenne keine größere Pest für den Staat als diese Nation wegen ihres Betrugs, Wuchers, Geldvertragens, die Leute in den Bettelstand zu bringen, alle üblen Handlungen auszuüben, die ein anderer ehrlicher Mann verabscheut."

So lagen ja die Dinge nicht; denn andere Beschäftigungen waren ja den Juden zum größten Teil verwehrt. Darum sollte man mit dem unguten Vorurteil brechen, als hänge Judentum und Geldhandel unauflöslich und unwiderruflich zusammen. Dies hat sich ja bis in unseren täglichen Wortschatz hinein niedergeschlagen; auch hier sollten wir uns mehr Überlegung und Zucht auferlegen. Denn es ist ja sicher deutlich geworden, daß für diese Entwicklung, die Juden dem Geldhandel zuzuführen, die Christenheit die Hauptverantwortung trägt. Man sollte deshalb hier nicht auf die Juden deuten, sondern an die eigene Brust schlagen, wie dies vor hundert Jahren der katholische Pfarrer Ambrosoli (Rom) in einer eindringlichen Predigt tat: „... Wen trifft die Schuld, wenn dieses Volk, das der bürgerlichen Rechte beraubt und von jeder gehobenen Tätigkeit ausgeschlossen war, den einzigen Weg wählte, der ihm nur wenig Achtung einbringen konnte, nämlich den des Geldhandels. Wen trifft die Schuld, wenn dieses Volk, das von jeder anständigen Beschäftigung ausgeschlossen war, sich zu wucherischen Praktiken erniedrigte und sich immer vom Vorwurf der Begehrlichkeit und Unsauberkeit reinwaschen konnte: Ist dies nicht unsere allereigenste Schuld?"

6. *Gottesdienstliche Einengung*

Die Einschränkung traf die Juden aber nicht nur auf dem Gebiet des Broterwerbs, sondern auch im Bereich des Gottesdienstes. Es ist eine in christlichen Kreisen weithin verbreitete, aber verkehrte Meinung, das Judentum sei nach der Eroberung Jerusalems im Jahre 70 kein beachtlicher geistlicher Faktor mehr gewesen. Das stimmt nicht. Es hat die durch die Zerstörung des Tempels ausgelöste Krise in einer bewundernswerten Weise durchgestanden, und menschlich gesehen war es die um die Synagoge als Mittelpunkt sich scharende Frömmigkeit, die das Überleben der Juden als religiöse und volkhafte Größe gewährleistet hat.

In der Zeit des römischen Reiches waren die Juden die einzige sogenannte religio licita (erlaubte Religion), das heißt: Ihnen war neben sonstigen Vergünstigungen ausdrücklich die Befreiung vom Kaiserkult gewährt; sie durften in ihren gottesdienstlichen Versammlungsräumen für ihn beten, anstatt ihn öffentlich – wie die anderen Untertanen, auch die Christen – verehren und anbeten zu müssen. Dieses Vorrecht wurde ihnen erst nach der „Machtergreifung des Christentums" genommen.

Die Einengung des Gottesdienstes begann damit, daß üble Verdächtigungen über die Synagoge ausgestreut wurden. Hier tat sich Johannes Chrysostomus (386) in seinen Predigten gegen die Juden (Antiochien) hervor. Nur zwei Zitate sollen zeigen, wie hier die Atmosphäre vergiftet wurde: „Die Synagoge ist weit entfernt, ein Ort der Anbetung zu sein – sie ist ein Ort des Götzendienstes." Und weiter: „Eine Zitadelle des Teufels ist nicht nur die Synagoge, sondern auch die Seele des Juden selbst."

Warum diese haßerfüllten Warnungen? Offensichtlich sollen die Christen von einem Umgang mit den Juden abgehalten werden, weil sie einer solchen Begegnung geistlich nicht gewachsen sind. Diese innere Unsicherheit geht aus einer Äußerung des Kirchenvaters Hieronymus hervor, in der er jeden Kontakt zu den Juden verbietet, mit der Begründung „Wir werden sie dadurch nicht zu Christen, sondern sie werden uns zu Juden machen". Aus diesem Eingeständnis tritt uns die geistliche Anziehungskraft des Judentums entgegen. Diese Kraft war auch einige Jahrhunderte später noch ungebrochen; denn der Bischof Agobard von Lyon (9. Jahrhundert) äußerte sich voller Unwillen, die ungelehrten Christen würden sich den jüdischen Predigern zuwenden, weil dieselben besser predigen würden als die eigenen Pfarrer. Derartige Gedankengänge sind offenbar immer wieder laut geworden. Denn in einem Wiener Polizeibericht aus dem Anfang des 19. Jahrhunderts heißt es: „Würde der jüdische Gottesdienst mit zu vielem Pomp gefeiert und bestiegen moderne Philosophen und Pharisäer ihren, den ersten besten so leicht zugänglichen Rednerstuhl, so ist leicht zu befürchten, die jüdischen Gotteshäuser bekämen in Kürze mehr Zulauf als unsere christlichen Kirchen und die Besorgnis, viele Katholiken dadurch wankend zu machen . . ., ist wahrlich nicht übertrieben."

Die Kirche begnügt sich jedoch nicht nur mit solchen mündlich vorgebrachten Warnungen. Die im Judentum sich zeigende Konkurrenz wird schon früh durch gesetzliche Maßnahmen eingedämmt. Schon im Jahre 315 wird der Übertritt zum Judentum unter Androhung der Todesstrafe verboten. Offenbar hatte diese Bestimmung keine durchschlagende Wirkung; sie mußte in der folgenden Zeit immer wieder erneuert werden. Vor allem aber richtete sich die Aufmerksamkeit der Kirche auf die Synagogen als den gottesdienstlichen Versammlungsort der Juden. Da den Juden von seiten der heidnischen Kaiser freie und unbehinderte Ausübung ihres Kultes gewährt war, standen die Synagogen unter dem Schutz des Gesetzes. Wer sie zerstörte oder gewaltsam entweihte, verfiel strenger Bestrafung. Diese bestehenden Gesetze wurden von seiten der Christenheit zunächst einmal durch das Vorpreschen von Einzelgängern durchlöchert. Bezeichnend dafür ist die Affäre von Callinicum, einer Garnisonstadt im heutigen Irak (387). Auf das Anstiften des dortigen Bischofs legte die christliche Bevölkerung dieser Stadt Feuer an die Synagoge, die dadurch gänzlich zerstört wurde. Kaiser Theodosius I. wurde von diesem Vorfall in Kenntnis gesetzt. Er ordnete auf Grund des geltenden Rechtes eine Entschädigung der Juden durch den Bischof an; außerdem sollte er auf seine Kosten das zerstörte Gebäude wiederaufbauen lassen. Daraufhin griff der bekannte Mailänder Bischof Ambrosius ein. Er wandte sich gegen den Kaiser wegen seines gotteslästerlichen Verhaltens. Ein christlicher Fürst habe nicht das Recht, in dieser Weise den jüdischen Irrtum zu begünstigen. „Es ist erlaubt, die Synagogen in Brand zu setzen. Wenn die Gesetze das untersagen, dann sind sie schlecht. Der Ungehorsam solchen Gesetzen gegenüber wird zur Pflicht." Wenn er, Ambrosius, früher Kenntnis von diesem Verbot gehabt hätte, dann hätte er eigenhändig alle Synagogen

Mailands angezündet. Gott selbst habe von vornherein die Zerstörung solcher Gebäude gebilligt. Unter Androhung der Exkommunikation setzte Ambrosius schließlich die Zurücknahme des kaiserlichen Erlasses durch, der die auf Grund der gültigen Rechtsordnung geforderte Wiedergutmachung für den Synagogenbrand zum Inhalt hatte.

Kein Wunder, wenn ein solch massiver Druck auf die Regierungsstellen allmählich auch die entsprechenden Gesetze nach sich zog. Im Anfang des 5. Jahrhunderts wurde bereits ausdrücklich verboten, neue Synagogen zu bauen; baufällige Synagogen durften nur mit einer sehr schwer zu erlangenden Sondergenehmigung des Kaisers wieder instandgesetzt werden. Wenn Juden aber trotzdem Synagogen errichteten, so wurden diese zunächst abgerissen; später wurden sie in christliche Kirchen umgewandelt, wobei die jüdischen Erbauer noch einen Schadenersatz von 50 Gulden zu leisten hatten. (Noch im Jahre 1670 ließ Kaiser Leopold I. in Wien die Synagoge „als eine Mördergrube zum Hause Gottes aufrichten"; d. h er verwandelte sie in eine Kirche.) Eine weitere Behinderung des Gottesdienstes war das ausdrückliche Verbot der Verwendung der griechischen oder lateinischen Sprache; damit sollte die nach außen wirkende Ausstrahlung des Judentums unterbunden werden.

7. Die „Verteufelung" des Judentums

Es kann nicht wundernehmen, daß die Abdrängung der Juden in eine Sonderexistenz den Boden für das üppige Emporwuchern von zahlreichen bösartigen Legenden bereitete. Man kann diese üblen Greuelgeschichten auf den Hauptnenner der „Verteufelung" bringen: Man brandmarkte die Juden als die geschworenen Feinde Jesu Christi und zog daraus den Schluß, sie müßten unbedingt mit dem Teufel im Bunde stehen. In manchen Mysterienspielen wurde der Teufel als ein Jude mit dem ihn kennzeichnenden gelben Fleck dargestellt. Dadurch wurde gleichzeitig die Meinung genährt, als könnten die Juden nicht mehr menschlich sein. „Sie sind schlimmer als die wilden Tiere, und grundlos ermorden sie ihre eigenen Kinder, um den schrecklichen Teufel damit zu dienen, die Feinde unseres Lebens sind", heißt es schon bei Johannes Chrysostomus im 4. Jahrhundert. Man wollte durch eine solche Kennzeichnung der Juden einmal ihre angebliche Unheimlichkeit herausstellen, und fürs andere die Angst vor ihnen hochspielen, um damit dann eine Bereitschaft zur Gegenwehr gegen diese Gefahr wachzurufen; diese äußerte sich später dann in schrecklichen Pogromen des Pöbels.

Auch Martin Luther stieß gegen das Ende seines Lebens in dieses Horn, nachdem er zuvor freundliche Töne gegenüber den Juden angeschlagen hatte (s. S. 8). Man hört hier von ihm den schrecklichen Satz (1543): „Und ich sollte mit solchem verteufelten Maul (den Juden) essen, trinken oder reden, so möcht ich aus der Schüssel oder Kanne mich voller Teufel fressen und saufen, als der ich mich damit gewiß teilhaftig machte aller Teufel, so in den Juden wohnen und das teure Blut Christi verspeien."

Man kann verstehen, daß in einem solchen Klima des Hasses Beschuldigungen gegen die Juden Glauben fanden, an denen kein wahres Wort zu finden ist. Man traute den Juden eben alles Böse ohne weiteres zu. Dazu gehört unter anderem auch die Lüge vom Ritualmord (und ähnliche Legenden wie die Brunnenvergiftung und die Hostienschändung). Der Kern dieser Lüge besteht darin, daß man die Juden verdächtigt, um die Passahzeit christliche Kinder zu entführen, sie abzuschlachten und ihr Blut zu rituellen Zwecken zu verwenden. (Die Juden änderten deshalb übrigens unter dem Druck dieser Anschuldigung die Vorschrift des Jerusalemer Talmuds ab, am Abend des Passahfestes vier Becher Rotwein zu genießen; damit man hier auf keinen Fall an Blut denken könne, wurde nur noch Weißwein gereicht.) Die Opfer dieser angeblichen Morde wurden später oft als Heilige verehrt. Immer wieder brach sich diese Angst in entsetzlichen Pogromen gegen die Juden Bahn, obwohl Kaiser und Papst versuchten, dieser Lüge und dem verbrecherischen Treiben der Massen Einhalt zu gebieten. Weihnachten 1235 kam es in

Fulda zu einem besonders häßlichen Vorfall: Zwei Kinder kamen in einer Mühle in Abwesenheit ihrer Eltern in den Flammen um, man beschuldigte die Juden, sie hätten bei diesen Kindern Blut abgezapft und nachher die Mühle in Brand gesteckt. Daraufhin wurden sämtliche Juden ohne irgendein Verfahren von den in Fulda anwesenden Kreuzfahrern kurzerhand totgeschlagen. Deshalb setzte Kaiser Friedrich II. eine Kommission von Sachverständigen und Gelehrten ein. Sie kamen zu dem Ergebnis, daß die Blutbeschuldigung gegen die Juden zu Unrecht bestünde: „Weder im Alten Testament noch im Neuen Testament ist zu finden, daß die Juden nach Menschenblut begierig wären ..." Es wurde daraufhin auf dem Reichstag in Hagenau (1236) angeordnet: „... Wir haben deshalb die Juden zu Fulda des ihnen auferlegten Verbrechens und die übrigen deutschen Juden nach dem Spruch der Fürsten für unschuldig erklärt. Deshalb verbieten wir durch gegenwärtige Urkunde, daß irgendeine Person, sie sei geistlich oder weltlich, besagten Juden samt und sonders ... den vorgenannten schmählichen Verdacht auferlege."

Offenbar hatte dieser Erlaß nicht den gewünschten Erfolg. Denn schon elf Jahre später (1247) trat Papst Innonzenz IV. in einer ganz scharfen Weise gegen die Blutbeschuldigung auf. Er wurde dazu veranlaßt durch die „jammervollen Klagen der Juden Deutschlands"; es ist deshalb einfach unrichtig, wenn heutzutage gegenüber den Papst Pius XII. gemachten Vorwürfen unter anderem geltend gemacht wird, ein Papst könne und dürfe nicht deutlich für die Juden in ihrer Bedrängnis eintreten, weil diese als Nichtgetaufte außerhalb der Christenheit stünden. Innozenz IV. hat dies jedenfalls sehr deutlich getan. Es heißt in dieser Bulle unter anderem: „... obwohl die Heilige Schrift für die Juden das Gebot aufstellt: ‚Du sollst nicht töten!' und ihnen sogar am Passahfest die Berührung mit Toten untersagt, erhebt man gegen die Juden die falsche Beschuldigung, daß sie an diesem Feste das Herz eines ermordeten Kindes äßen, in dem Wahn, das jüdische Gesetz schreibe ihnen das vor, während es doch offenbar gegen ihr Gesetz ist." Die aus diesem Vorwurf gegen die Juden sich ergebenden Mißhandlungen führen den Papst zu der schwerwiegenden Feststellung: „So befinden sich diese Juden ... unter einer schlimmeren Herrschaft, als ihre Väter unter Pharao in Ägypten waren." Und dies unter christlichem Vorzeichen! Kein Wunder, daß der Papst eine umgehende Einstellung dieser Verfolgung gegen die Juden fordert und schließt: „Die Bedrücker der Juden sollen mit dem Kirchenbann belegt werden." Eine erfreulich deutliche Sprache!

Doch fraß dieses Gift trotz aller Warnungen weiter. Bis in die jüngste Zeit hinein wurden die Juden verleumdet, sich am Blut ihrer Nebenmenschen zu vergreifen. Auch von seiten des rassischen Antisemitismus sollte diese Lüge eingesetzt werden, um Haßgefühle gegen die Juden zu erwecken und zu vertiefen. So heißt es in einem Geheimschreiben Himmlers an Kaltenbrunner (Mai 1943): „Außerdem sind sofort Leute einzusetzen, die in England die Gerichtsnachrichten, die Polizei-Ausschreibungen, daß ein Kind vermißt wird, verfolgen und kontrollieren, so daß wir dann in unseren Sendern entsprechende Kurznachrichten geben können, daß in dem Ort X ein Kind vermißt werde und es sich wahrscheinlich um einen jüdischen Ritualmord handle. Insgesamt glaube ich, könnten wir ... mit einer sehr starken Ritualmordpropaganda den Antisemitismus in der Welt ungeheuer aktivieren." Dies ist eine raffinierte Berechnung. Wenn in einem Menschen Abscheu und Angst in dieser niederträchtigen Weise geweckt werden, dann reagiert er natürlich durch eine verständliche Abwehrbewegung gegen diesen drohenden Feind. Daß solche Greuelmärchen bis in unsere Tage weitergegeben werden – 1960 wurde in Dhagestan (Sowjetunion) behauptet, die Juden schlachteten jährlich einen Mohammedaner, um sein Blut trinken zu können; ähnliche Vorfälle werden 1962 aus Taschkent und Margalan (Uzbekistan) gemeldet –, bedeutet eine unheimliche Vergiftung unseres Denkens bis in seine tiefen, unterbewußten Schichten. Es wird daraus außerdem deutlich, wie zäh sich gerade solch abwegige Meinungen behaupten.

8. Entstehung des „Rassenantisemitismus"

Da die Juden neben der christlichen Gesellschaft her existieren mußten, wurden sie als ein Pfahl im Fleisch empfunden, den es um der Einheitlichkeit der Ordnung willen möglichst rasch und gründlich auszuziehen galt. Selbstverständlich zählten dazu auch die schon früh einsetzenden Bemühungen, die Juden zum Eintritt in die christliche Kirche und damit zur Aufgabe ihres Judeseins zu veranlassen; denn mit der Taufe verloren sie nach der Überzeugung der Kirche ihren Charakter als Juden und dadurch auch die damit zusammenhängende Rechtsminderung.

Diese Bekehrung sollte nach den Anweisungen der verantwortlichen Männer in der Kirche ohne Druck und Zwang vor sich gehen. Papst Gregor der Große (590–604) hielt an diesem Grundsatz fest und rief denselben seinen Bischöfen immer wieder eindringlich in Erinnerung: „Wenn man Neubekehrte für das Christentum gewinnen will, dann muß man mit Güte und nicht mit Schärfe vorgehen; sonst werden durch eine derartige Gereiztheit diejenigen abgestoßen, die durch ihre Vernunft mit ihrer Seele dem Christentum nahgekommen wären."

Diesem Prinzip wurde in der Praxis nicht immer entsprochen. Vor allem wurden die Übertritte zum Christentum in Spanien durch mancherlei Zwangsmittel forciert. Die dadurch erzielten Erfolge wirkten sich für die Neubekehrten wie auch für die Christenheit verhängnisvoll aus: Die neuen Christen nahmen oft den ihnen aufgedrängten Glauben nur zum Scheine an, während die eifrigen Heidenchristen ihren neugewonnenen Brüdern aus den Juden mißtrauten. Dies führte auf der einen Seite zu einer oft raffiniert durchdachten Heuchelei, auf der anderen Seite zu einem unerträglichen Überwachungssystem; eines wurde dabei aber nicht erreicht, was das Ziel einer echten Bekehrung hätte sein müssen – die Einheit des Volkes Gottes.

Im Gegenteil! Spannungen zwischen Alt- und Neuchristen nahmen immer mehr überhand. Man überlege: Schon dieser Ausdruck ist ein Attentat auf die durch die Taufe hergestellte Gleichberechtigung aller Glieder der Kirche! Es konnte nicht ausbleiben, daß die verkehrte Unterscheidung dem Evangelium ganz entgegengesetzte Formen annahm. So heißt es in einem Erlaß aus Toledo (1449): „Wir erklären, daß die sogenannten Conversos (d. h. die aus den Juden stammenden Christen), die von der perversen Rasse (!) der Juden abstammen, von Rechts wegen für verflucht, ungeschickt, unfähig und unwürdig gehalten werden, irgendein Amt ... in der obengenannten Stadt Toledo oder ihrem Gebiet innezuhaben." Damit schält sich als Begriff der Kennzeichnung zwischen diesen beiden Arten von getauften Christen die Abstammung heraus, der trotz (oder wegen?) der Taufe jetzt eine Bedeutung zugeschrieben wurde.

Diese Belastung hörte nach der Vertreibung der Juden aus Spanien (August 1492) nicht etwa auf, sondern verschärfte sich. Drei Jahre nach dieser Katastrophe des spanischen Judentums erließ der Hieronymitenorden als erster das „Statut des reinen Blutes"; das heißt: kein Glied des Ordens durfte mehr von Juden abstammen. Dieser „Arierparagraph" setzte sich in Spanien auf allen Lebensgebieten immer mehr durch. Nur Ignatius von Loyola wehrte sich heftig und erfolgreich dagegen, daß dieses Statut auch im Jesuitenorden eingeführt wurde. Doch konnte später auch dieser Orden dem in Spanien herrschenden Druck nicht mehr widerstehen, und so kapitulierte er ebenfalls in dieser Frage.

Was diese Anordnung bedeutete, soll kurz an zwei Äußerungen gezeigt werden. In Toledo wurde 1547 (nach Sevilla und Cordoba, 1530) folgende Ordnung in Kraft gesetzt: Kein kirchlicher Würdenträger darf von seinen Vorfahren her irgendeinen Tropfen jüdischen, maurischen oder häretischen (!) Blutes in seinen Adern haben. Dieser „Arierparagraph" bürgerte sich so sehr ein, daß das Aufspüren des eigenen „reinen" (judenreinen) Stammbaums von größter Bedeutung wurde, nicht nur für die Bekleidung eines Amtes in der Kirche, sondern für die Beauftragung mit einem Posten im Bereich des Staates. Wozu dies im Verlauf nur eines Jahrhunderts führte, wird aus dem erschütternden Bericht eines Franziskaners (Ende 16. Jahrhundert) deutlich: „Es ist nicht so schlimm, ein Gotteslästerer oder Dieb, ein Vagabund oder Ehebrecher oder mit einem sonstigen Laster behaftet zu sein, als von dem Geschlecht der Juden abzustammen, auch wenn die Vorfahren sich schon vor zwei- oder dreihundert Jahren zum heiligen katholischen Glauben bekehrt haben ... Wer ist in Spanien so blind, daß er nicht sehen wollte, hier gibt es keinen Converso, der nicht lieber vom Heidentum als vom Judentum abstammen wollte, und fast alle würden die Hälfte ihres Lebens dahingeben, um eine derartige Abstammung zu besitzen. Denn sie haben einen Schreck vor der Abstammung, die durch ihre Eltern auf sie zukommt."

Welch schrecklicher Abgrund wird hier zwischen Juden und Christen aufgerissen! Wie sehr ist hier vergessen, daß Jesus von Nazareth und die Apostel, ja die ganze Urgemeinde Juden waren. Wird hier nicht in einer folgenschweren Weise die Juden und Christen umspannende Solidarität preisgegeben? Um diese Verbundenheit hat jene protestantische Bäuerin in den Cevennen sicher mehr gewußt, als sie auf die Frage, warum sie denn unter Lebensgefahr einer jüdischen Studentin bei sich Unterschlupf gewähre, antwortete: „Welches Glück, einem Volke anzugehören, aus dem der Heiland hervorgegangen ist."

9. Das Gespenst der Weltherrschaft

Angst und Furcht vor den Juden wurden auch angeheizt durch die Behauptung, diese würden durch eine großangelegte, raffinierte Verschwörung die Herrschaft über alle Völker anstreben. Sie würden sich dazu geheimer und gemeiner Mittel bedienen, die auf eine völlige Entsittlichung und geistige Erschlaffung der Völker hinauslaufen würde, in deren Mitte sie wohnten und deren Gastrecht sie auf diese Weise mißbrauchten.

Grundlage für diese üble Vergiftung der Atmosphäre bildet in der neueren Zeit ein Buch; es sind dies „Die Protokolle der Weisen von Zion". Bis zum heutigen Tag beziehen die Antisemiten aller Schattierungen aus dieser Schrift ihre Argumente, obwohl dieses Machwerk durch ein gerichtliches Urteil von Bern (1935) eindeutig als Fälschung entlarvt wurde. Dort wurde auch festgestellt, daß dieses Buch in keinem Zusammenhang mit dem Ersten Zionistenkongreß in Basel (1897) gebracht werden darf, wie dies auch heute immer noch behauptet wird. Diese Fälschung geht auf eine Zusammenstellung der russischen Geheimpolizei aus der Zeit vor dem Ersten Weltkrieg zurück; dadurch sollte die große Gefahr des Judentums jedermann deutlich vor Augen gestellt werden. Nach diesem Krieg wurde diese Schrift auch in anderen Ländern Europas bekannt; sie diente überall als unwiderlegbares Beweisstück für die gefährlichen Pläne des Judentums. Es lag deshalb nahe, die dort niedergelegten – unwahren! – Anschuldigungen zum Anlaß für harte Abwehrmaßnahmen gegen die Juden zu nehmen.

Sehr scharf einander entgegengesetzte weltanschauliche Standpunkte wirken sich auf die Benützung dieser Fälschung nicht hinderlich aus. Adolf Hitler, der sich schon in frühen Ausgaben seines Buches „Mein Kampf" auf diese Protokolle bezog, meinte dazu in einer Unterredung mit Hermann Rauschning (1940): „‚Ich habe seinerzeit mit wahrer Erschütterung die ‚Protokolle der Weisen von Zion' gelesen. Diese gefährliche Verborgenheit des Feindes, seine Allgegenwärtigkeit! Ich erkannte sofort, daß wir dies nachbilden müßten, auf unsere Weise natürlich ... Es gilt wahrhaftig den Entscheidungskampf über das Schicksal der Welt!' Ich (Hermann Rauschning) warf ein, ob Hitler nicht den Juden überschätze. ‚Nein, nein, schrie er, der Jude ist als Feind gar nicht zu überschätzen!' Aber die Protokolle wären doch offensichtlich gefälscht ... und es wäre mir schon damals klar gewesen, daß das nicht echt sein könnte. ‚Warum nicht', erboste sich Hitler. Ob das nun im historischen Sinn echt sei, berühre ihn gar nicht. Die innere Wahrheit sei für ihn um so überzeugender." Auch in der Sowjetunion wurde dieses Buch als Grundlage für die Behauptung einer angeblichen Verschwörung der Juden verwandt, dabei aber in ein „Protokoll Morgenthau" umbenannt. Darüber hinaus wird die jüdische Religion als ein Akt „permanenter Weltverschwörung" bezeichnet. Juden gegenüber ist darum Argwohn und Mißtrauen geboten. Immer wieder treten die Juden unter dem Vorzeichen „eines verbrecherischen Komplotts" in Erscheinung, durch das sie angeblich die „geistige Führung der Welt" anstreben. Diese Anschuldigung wird auch auf Israel übertragen, das als „Urheber der Weltverschwörung" bezeichnet wird.

Auch in den arabischen Ländern ist man von der drohenden Weltherrschaft der Juden überzeugt. Auch hier werden die Aussagen dieses Buches für bare Münze genommen. Der ehemalige Staatspräsident Nasser (Ägypten) hat sich in einem Interview für die Echtheit dieser Protokolle verbürgt. Zwischen 1920 und 1960 ist dieses Buch in Kairo, Damaskus und Bagdad oft erschienen; in der gegen Israel gerichteten Propaganda gibt es nicht weniger als 60 Veröffentlichungen, die sich, zum Teil ausdrücklich, auf diese Protokolle stützen. Der wahnhafte Glaube an die angebliche Übermacht der Juden in der Welt führt dazu, kritiklos allen in diese Richtung zielenden Behauptungen aufzusitzen. So wurde zum Beispiel vor einigen Jahren von der arabischen Liga in Kairo bekanntgegeben, man müsse das Eindringen der Zionisten nach Malta und auf Indonesien genau beobachten. Denn in Malta solle durch Landankauf die Niederlassung von 200 000 zur Zeit noch in Marokko und Tunis ansässigen Juden vorbereitet werden, die dort einen wichtigen strategischen Stützpunkt bilden sollten. So war etwa Wasfi Tall, der in Kairo ermordete jordanische Ministerpräsident, fest von der Verschwörung des Weltjudentums überzeugt; dieser Glaube wurde ihm durch das dauernde Lesen der Protokolle zuteil.

Nicht nur im Nahen Osten übt dieses Buch seinen unheilvollen Einfluß aus. Auch im Westen ist dieses Buch anzutreffen. In Italien kann man diese Hetzschrift bei Zeitungshändlern der Großstädte erstehen. Die Angst vor der angeblichen jüdischen Weltgefahr wird hochgespielt. Diese Pläne der Weltherrschaft wurden vor einigen

Jahren auch in einem an alle in Rom versammelten Konzilsväter gesandten Buch „enthüllt", das den bezeichnenden Namen „Verschwörung gegen die Kirche" trug, und das eine Fundgrube von gehässigen und verlogenen Angriffen gegen die Juden ist. In der Kathedrale von Athen warnte (1972) Bischof Chrysostomus von Chios in einem feierlichen Gottesdienst vor dem „Gespenst des Zionismus, der sich hinter Geheimorganisationen verberge und der in gewissen Protokollen beschrieben sei". Sofortige Abhilfe sei dringend geboten. Auch dort wurde dieses Buch neu veröffentlicht.

Der Haß gegen die Juden wird auch aus dieser vergifteten Quelle gespeist. Es gilt hier wachsam zu bleiben. Vor allem dürfen wir uns nicht verwirren lassen, als ob irgendein politisches Lager – ob mehr rechts oder links – selbstverständlich gegen diese Ansteckung gefeit sei.

Selbstverständlich ist hier gar nichts. Nur mit einem kühlen Kopf und einem aufgeschlossenen Herzen werden wir uns das nötige Unterscheidungsvermögen aneignen können, um hier klar zu sehen. Schon vor zwanzig Jahren (1952) machte der Schriftsteller Manès Sperber auf diese gegen die Juden gerichtete Einheitsfront aufmerksam: „Wenn dieses Regime (gemeint ist Stalin) vorgibt, gegen eine jüdische, von ihm als zionistisch bezeichnete Verschwörung vorgehen zu müssen, dann rührt dies von seinem Entschluß her, aus den Juden den Teufel zu machen. Die Juden waren der Teufel im System Hitlers. Sie sind es jetzt im System Stalins. Sie sind es überall, wo die Götter scheitern. Warum wählt man die Juden für die Rolle des Teufels aus? Weil es hier einen mehrere tausend Jahre alten Antisemitismus gibt, der leicht wieder in Betrieb zu setzen ist. Auch im Bereich des Verbrechens ist man nur selten erfinderisch. Die ewige Wiederkehr zur Ruchlosigkeit ist gewährleistet. Stalin greift die Methoden Hitlers ... und der christlichen Fürsten auf, die Seuchen, verlorene Kriege, verfehlte Kreuzzüge und alles übrige durch den Teufel, die Juden, erklärten. Nein, wir haben nicht das Recht, nicht gewarnt zu sein." Diesen eindringlichen Worten ist auch heute nichts hinzuzufügen.

II. Die unaufhebbare Solidarität

Eine ganz entschiedene Kursänderung in der Einstellung zum Judentum und zu Israel wurde in der Aktivität der Arbeitsgruppe „Juden und Christen" auf dem Berliner Kirchentag (1961) sichtbar. Natürlich war diesem Ereignis durch eifrige theologische Forschung, richtungweisende Veröffentlichungen und entscheidende persönliche Begegnungen und Gespräche vorgearbeitet worden. Im Hintergrund dieses neuen Aufbruchs in der Christenheit standen die Millionen von ermordeten und vergasten Juden, die die grauenhafte Endstation eines sich hemmungslos austobenden Antisemitismus bildeten. Trotz einiger tapferer Einzelaktionen waren die Proteste innerhalb der Christenheit gegen diesen Massenmord nicht laut und deutlich genug, um dem Unheil energisch in den Weg treten zu können. Da und dort war man noch heimlich in den alten Traditionen von der Verwerfung und der Verfluchung der Juden befangen und wurde dadurch gehemmt, für die todbedrohten Juden einzutreten. Zudem wollte man lange Zeit auch gar nicht bemerken, daß es bei dieser teuflischen Ausrottung des Judentums gleichzeitig um einen konzentrierten Angriff gegen Christus ging, und daß es deshalb überhaupt kein Vorfeldgeplänkel geben konnte, das noch außerhalb des Interesses der Christenheit lag. Mit dem Haß gegen die Juden ging der Feind wirklich aufs Ganze. Es muß uns Christen recht nachdenklich stimmen und zur Umkehr treiben, daß unter uns so viel Trägheit und Blindheit war und daß das Zeugnis der Heiligen Schrift von der Zusammengehörigkeit von Juden und Christen nicht leuchtete, sondern verdunkelt war. So besteht die heute laut werdende Aussage zu Recht, die Ausrottung der Juden bedeute die tiefste Krise des Christentums. Dabei wurde auch von jüdischer Seite auf diese unauflösliche Gemeinschaft hingewiesen. So Moritz Lazarus (1880): „Antisemitentum ist Antichristentum. Denn Christus, der Stifter selbst, und alle seine Apostel sind Semiten ..."

Dieser Solidarität wurde durch die Erklärung der christlichen Mitglieder der Arbeitsgruppe 6 auf dem Berliner

Kirchentag 1961 („Juden und Christen“) Ausdruck verliehen; dort heißt es: „Juden und Christen sind unlösbar verbunden. Aus der Leugnung dieser Zusammengehörigkeit entstand die Judenfeindschaft in der Christenheit. Sie wurde zu einer Hauptursache der Judenverfolgung. Jesus von Nazareth wird verraten, wenn Glieder des jüdischen Volkes, in dem er zur Welt kam, als Juden mißachtet werden. Jede Form von Judenfeindschaft ist Gottlosigkeit und führt zur Selbstvernichtung.“ Diese Hervorhebung der Verbundenheit ist im Raum der Christenheit neu und ungewöhnlich; darum wird ihr zum Teil heftig widersprochen, ohne allerdings damit das gemeinsame Fundament sprengen zu können, auf dem Juden und Christen stehen. Man ist weithin der Meinung, diese nachdrückliche Betonung der Zusammengehörigkeit würde den noch bestehenden Unterschied verschleiern und verdecken.

So wurde in einer direkten Anspielung auf den Kirchentag zu bedenken gegeben: „Es stellt eine neue Mode dar, daß Christen und Juden sich im geistlichen Sinn ‚Brüder‘ heißen (Berliner Kirchentag 1961). Das ist aber nicht biblisch, sondern Schwärmerei ... Solange noch die Hoffnung auf eine unmittelbare Bekehrung Israels (Judas) zu Gott bestand (sie haben nach der Lehre der Schrift mit Christus auch Gott verworfen ...) redeten die Judenchristen die Juden noch als Brüder an – aber wirklich nur so lange noch! Dann wurden die Juden nicht mehr ‚Brüder‘, sondern des ‚Satans Synagoge‘ genannt ...“ (Offbg. 2, 9; 3, 9). Man kann hier nur sehr ernst fragen, wo denn im ganzen Neuen Testament die den Juden zuteil gewordene Erwählung rückgängig gemacht wurde? Und ist es nicht unmöglich, die Treue Gottes von unserem menschlichen Verhalten abhängig zu machen und sie nur für einen bestimmten Zeitraum zu befristen? Wie kann man aus den oben aus der Offenbarung des Johannes angeführten Stellen ableiten wollen, alle Juden samt und sonders seien als Synagoge des Satans zu bezeichnen? Was im einzelnen die hier auftretenden Gegner der Gemeinden von Smyrna und Philadelphia gewesen sein mögen –, eines ist sicher: Die Bezeichnung „Jude“ bleibt ein Ehrentitel (den sich die

Gegner zu Unrecht zulegen!) und ein Kollektivverdikt über alle Juden wird in keiner Weise ausgesprochen. Ausdrücklich stellt Paulus ohne irgendeine Einschränkung oder zeitliche Begrenzung fest, daß die Juden seine Brüder sind und bleiben, und zwar nicht auf Grund irgendeiner schöpfungsmäßigen Zusammengehörigkeit, sondern weil ihnen die „Herrschaft, die Herrlichkeit, die Bundesschlüsse, die Gesetzgebung, der Gottesdienst und die Verheißungen" (Röm. 9,4) gelten! All dies wurde ihnen nicht irgendeinmal in der Vergangenheit zugesprochen, um es ihnen dann nachher wieder abzusprechen! Nein, es wird hier all dies in der Gegenwartsform über die Juden ausgesagt, die Jesus Christus (noch) nicht anerkennen.

So lautet auch eine entscheidende Stelle in der sogenannten Judenerklärung des II. Vatikanischen Konzils: „Die Kirche hat auch stets die Worte des Apostels Paulus vor Augen, der von seinen Stammesverwandten sagt, daß ihnen die Annahme an Sohnesstatt, die Herrlichkeit, der Bund und das Gesetz, der Gottesdienst und die Verheißungen gehören, wie auch die Väter, und daß aus ihnen Christus nach dem Fleische stammt." (Römer 9,4 und 5)

Dadurch wird die Unwiderruflichkeit der Israel geltenden Erwählung eindringlich unterstrichen. Durch niemand und nichts kann diese unwandelbare Treue des lebendigen Gottes durchgestrichen werden, in der er an Israel und den Juden auf Grund seiner Zusage festhält, die in seinem Bund mit diesem Volk verbrieft und besiegelt wurde.

Auch dieser Gedanke findet in der eben erwähnten Erklärung klaren Ausdruck. Zunächst ist davon die Rede, daß ein großer Teil der Juden das Evangelium nicht angenommen hat. Dieses Beiseitestehen bedeutet aber keine Aufhebung der Erwählung. Denn: „Nichtsdestoweniger sind die Juden nach dem Zeugnis des Apostels immer noch von Gott geliebt um der Väter willen (Römer 11,28 und 29), sind doch seine Gnadengaben und seine Berufung unwiderruflich."

1. Das Band der Erwählung

Der tiefste Grund der Feindseligkeit gegen Israel ist eine folgenschwere Verkennung der Reichweite und der Tragkraft der durch den lebendigen Gott ergangenen Erwählung. Man hielt die Erwählung Israels für überholt und war (und ist noch immer!) der Meinung, die Kirche habe Israel abgelöst und sei an seine Stelle getreten. So kann es in einer theologischen Zeitschrift (1961) heißen: „Es wird so getan, wie wenn von der Bibel her von einer Auserwähltheit Israels, und zwar des heutigen Israels geredet werden könnte und müßte ... Gewiß, die Auserwähltheit Israels ist ein ernstes theologisches Problem. Aber dieses Problem ist mit dem Tode Christi abgeschlossen. Seither ist das Judentum als Volk innerhalb der Geschichte unter profanen Gesichtspunkten zu sehen und zu beurteilen."

Gerade dies kann und darf nicht in Frage kommen. Wo in aller Welt ist denn von diesem endgültigen Strich durch die Erwählung Israels eigentlich die Rede? Es ist erstaunlich, mit welcher Selbstverständlichkeit solche Aussagen mit dem Charakter der Unfehlbarkeit umgeben werden, ohne daß überhaupt ein theologisch bündiger und schlüssiger Nachweis zu führen versucht wird. Dies hängt natürlich damit zusammen, daß in der Tradition der Christenheit gewichtige Stimmen eine derartige Anschauung unterstützen. Aber darf dies in einer nach Gottes Wort sich orientierenden Kirche letzte Norm sein? Leider ist festzustellen, daß Paulus mit dem Zeugnis von der Gerechtigkeit allein aus Glauben (Römer 3 und 4) so wenig durchgedrungen ist wie mit dem von der Zusammengehörigkeit von Juden und Christen in dem für Israel ungekündigten Bund (Römer 9–11). Aber dies kann eine so verhängnisvolle Weichenstellung nicht rechtfertigen.

In der Ausklammerung Israels aus dem Bunde der Erwählung wird das Volk Gottes zu einem Torso verstümmelt. Gottes Volk setzt sich aus Juden und Heiden zusammen, – und so ist es nicht eine harmlose Panne oder ein bedauerlicher Schönheitsfehler, wenn hier eine endgültige Trennungslinie gezogen wird.

Weil die Anschauung von der Abdrängung Israels in das Dunkel der Verwerfung unter uns noch weiterhin mächtig ist, darum betreten wir im Nachsinnen über die Reichweite der Erwählung Gottes theologisches Neuland; unbewußte Vorurteile können hier unter der Hand die Wahrheit verbiegen, so daß das uns neuartig Erscheinende sofort mit der Bezeichnung einer Abweichung von der rechten Lehre abgewiesen wird.

2. Die „ökumenische" Dimension

Es mag vielleicht erstaunen, wenn Israel hier unter die „Ökumene" gerechnet werden soll. Denn wo bleibt hier – so hört man fragen – die Zustimmung zur Basiserklärung, in der Jesus Christus als der Herr anerkannt wird? Gewiß, diese Zustimmung fehlt, handelt es sich doch um eine „Ökumenizität" eigener Prägung, die nicht auf unserer menschlichen Einwilligung beruht, sondern auf das Fundament des göttlichen Planes mit uns Menschen sich gründet. Ein Kennzeichen der Ökumene – gerade unter Christen! – ist auf jeden Fall das Zusammensein von schmerzlicher Trennung und tiefer Verbundenheit. Diesen Sachverhalt gibt der in der ökumenischen Beziehung üblich gewordene Ausdruck von den „getrennten Brüdern" treffend wieder. Wenn man diesen Begriff sezierend auseinanderreißt, indem man das eine oder andere Moment in dieser Bezeichnung so überbetont, daß es das andere je verdeckt und aufhebt, dann ist der Sinn des Zusammenseins in der Ökumene ja grundsätzlich bestritten. Dieser Begriff will ja nicht nur einen Sachverhalt umschreiben, der die Berechnung des Geheimnisses der Erwählung unter uns widerspiegelt, sondern uns auch gleichzeitig zu einer Bewegung aufrufen, in der durch die Überwindung der noch bestehenden Trennung das Ziel der völligen Bruderschaft erreicht wird.

Kann die Bezeichnung einer derartigen Trennung und Gemeinsamkeit auf das Verhältnis zwischen Juden und Christen Anwendung finden? Gewiß. Die Erwählung Gottes ist die Klammer, durch die Juden und Christen auf eine einzigartige Weise zusammengehalten werden. „Durch den Fall Israels gibt es also zwei Völker der Erwählung, nämlich das Israel Christi, in dem die durch das Kreuz versöhnten Juden und Heiden schon in der apostolischen Zeit einen einzigen Leib, die Kirche bilden, und dann jenes Israel Gottes, das sich gegen Christus verhärtet hat, aber auf Grund der unverdienten und freien Gnade Gottes das auserwählte Volk bleibt ... Das Israel der angeblichen Verwerfung gehört zur Gemeinschaft der Erwählung." (F. Lovsky) In der Kirche ist man sich weiterhin noch gar nicht darüber im klaren, daß mit dieser Spaltung von Juden und Christen ein folgenschweres Unglück sich ereignete: Die Solidarität der von Gott Erwählten brach auseinander. Dieses Urschisma bildete den leider so unheimlich fruchtbaren Nährboden für die im Verlaufe der Kirchengeschichte erfolgenden Aufspaltungen in Kirchentümer, Konfessionen und Sekten.

Es kann kein Zweifel bestehen, daß diesem den Auftrag der Kirche blockierenden Chaos nur dann Einhalt geboten werden kann, wenn dieser ursprüngliche Riß zwischen Juden und Christen geheilt wird. Diese Heilung kann nur mit der Einsicht in die nicht aufzuhebende, aber auch noch nicht erfüllte Einheit zwischen diesen beiden Gruppen beginnen. Auf diesen wesentlichen Punkt wird in dem erst jetzt anhebenden theologischen Gespräch immer wieder großer Nachdruck gelegt. So führte ein katholischer Theologe aus: „Umfassender vor allem als bloß eine Tendenz zur Reparation der Glaubensspaltung des 16. und etwa noch der Kirchenspaltung des 11. Jahrhunderts ist die wirkliche, kaum erst anhebende ökumenische Bewegung, wenn und insoweit es ihr jedenfalls auch darum geht, das Urschisma, die Spaltung des Gottesvolkes im neutestamentlichen Zeitalter, schriftgemäß als das eigentliche Skandalon zu überwinden ... Jede ‚ökumenische' Bewegung wäre also schriftwidrig eng, die nicht von vornherein das Ringen um die eschatologische Einheit des geretteten ‚Ganz Israel' mit den Heiden mindestens prinzipiell einschlösse." Diesem Gedankengang entspricht es, daß in der sehr lesenswerten Studie der Generalsynode der Niederländischen Reformierten Kirche zum Ausdruck gebracht wird: „Israel war die Wiege der Ökumene. Dieser Begriff ist so eng mit dem Volke Israel verbunden, daß eine ökumenische Bewegung sich ihren eigenen Ursprung abschneidet, wenn sie sich nicht mit dem Verhältnis zu diesem Volke beschäftigt. Denn ohne Israel kann die Kirche ihren ökumenischen Charakter nicht in vollem Umfange erleben."

Um diese entscheidende Dimension geht es. Könnte es nicht sein, daß wir in unseren ökumenischen Bestrebungen deshalb so leicht in eine Sackgasse geraten, weil wir das Übel der Spaltung nicht mehr an der Wurzel anpakken, d. h. nicht mehr dorthin zurückgehen, wo Kirche und Synagoge sich trennten? Ist dieses Schisma nicht die grundlegende Ursache des ganzen Rattenschwanzes von Spaltungen innerhalb der Christenheit? Hören wir doch, was der bekannte französische Theologe Roland de Pury darüber von seinen Erfahrungen auf dem Missionsgebiet in Afrika her zu sagen weiß: „Es läßt sich die Erkenntnis nicht abweisen, daß die Kirche durch das Fehlen der Juden – und die dadurch erfolgende Entfernung vom Mutterboden Israels – zu stark von den jeweiligen kulturellen und volkhaften Eigentümlichkeiten überfremdet wurde. Zu sehr gab man hier griechischen oder römischen, deutschen oder französischen, westlichen oder östlichen Gedankengängen nach. Der ganze ‚Arisierungsprozeß' wurde damit eingeleitet. Dies bedeutet auch ein ernsthaftes Hindernis für die Mission: Die Botschaft der Kirche ist jeweils für das Volk, dem das Evangelium ausgerichtet wird, zu westlich oder zu östlich, zu deutsch oder zu angelsächsisch, und was ist die Folge? Man fordert dann ein den Anschauungen des jeweiligen Volkstums entsprechendes Christentum, und schon ist man in dem Strudel verschlungen, den man meiden wollte. Es ist darum richtig, wenn die Forderung erhoben wird, die Kirche müßte sich ‚semitisieren', um wirklich ihrem Auftrage treu sein zu können und denselben auch auszurichten in Asien und Afrika. ‚Semitisieren' – ist nicht eine neue Überfremdung, sondern die Neubesinnung auf die Wurzeln der Christenheit, die in Israel liegen.“ (vgl. Röm. 11,18) Besteht der Weg zu einer umfassenden Einheit der Christenheit nicht in der Rückkehr aller Christen nach Jerusalem, und eben nicht darin, daß je nach eigenem Standort Wittenberg oder Genf, Rom oder Moskau als Ziel angepriesen wird? Wäre die ökumenische Bewegung nicht fruchtbarer, wenn ein derartiges Dreiecksgespräch sich anbahnen und durchsetzen könnte, bei dem die beiden „getrennten Brüder“ im Abendland, die Katholiken und Protestanten, im Kontakt mit dem „älteren jüdischen Bruder“ viel mehr Gemeinsames entdecken könnten, als sie es bislang für möglich hielten?

3. Mission oder Zeugnis?

Gerade dieser Sonderstellung Israels wird aber innerhalb der Christenheit nachdrücklich widersprochen. „Als Gegenstand göttlicher Gnade und Erwählung ist es (das Judentum)“, so führt ein zeitgenössischer Theologe aus, „auf der geschichtlich-völkischen Ebene nur noch wie jedes andere Volk, also grundsätzlich gleich wie das schweizerische oder englische oder amerikanische oder russische, zu verstehen. Und der Satz aus dem Johannesevangelium ‚das Heil kommt von den Juden‘ hat nur retrospektive (rückwärts gewandte) Bedeutung“. Diese aus dem Jahre 1961 stammende Meinung wird von vielen anderen geteilt. In dem unter uns üblichen Schema der Zweiteilung der Menschen in Christen und Nichtchristen (= Heiden) können die Juden natürlich nur der nichtchristlichen Seite zugezählt werden. Die Juden als von der Erwählung Gottes bestimmte und darum dem Bunde Gottes zugehörige Gemeinschaft haben hier offensichtlich keinen Platz. Es ist darum nur folgerichtig, wenn der am Schluß des Matthäusevangeliums ausgesprochene Missionsbefehl (28,19) im Widerspruch zu seinem Sinn und Wortlaut auch auf die Juden bezogen wird. Daß Jesus sich mit seiner Botschaft an die Juden – und zwar zunächst nur ausschließlich an sie (vgl. z. B. Mt. 10,6; 15,24) – wandte, ist klar und deutlich. Die Anordnung der Mission für alle Welt ist eine Erweiterung der bisher nur Israel geltenden Botschaft, die nun auch zu den Völkern – der im griechischen Urtext hier stehende Ausdruck ist die im Neuen Testament durchgängige Bezeichnung für die Heiden – gebracht werden soll. Im Neuen Testament wird also deutlich unterschieden zwischen Heiden und Juden in ihrer Stellung innerhalb des Ablaufes der Geschichte Gottes mit der Menschheit; es handelt sich nicht darum, moralische Zensuren auszuteilen, als ob die eine oder andere Menschengruppe, die Juden oder die Heiden, höher bewertet werden müßten. Es geht aber um die Anerkennung der fundamentalen Tatsache, daß Gott mit seiner Offenbarung in und durch Israel zur Welt kommt. Daß „das Heil von den Juden kommt" (Joh. 4,22), ist nicht nur eine in die Vergangenheit der Geschichte weisende Notiz, sondern ist eine sachliche und darum auch weiterhin gültige Aussage (Gegenwartsform!). Die heilsgeschichtliche Bedeutung der Juden ist also nicht aufgehoben. Sie sind nicht unwissend wie die Heiden. Es wird ihnen ausdrücklich von Paulus bescheinigt, daß der Bund Gottes mit all seinem Segen nicht genommen ist (vgl. Röm. 9,4). Sie wissen um die Offenbarung Gottes mit den ihnen geltenden Verheißungen.

Wer Juden und Heiden auf den gleichen Nenner zu bringen sucht, verschließt sich dem wirklichen Sachverhalt.

Für die Heiden bedeutet der Anschluß an das Evangelium den radikalen Bruch mit ihrer seitherigen, von Göttern und Götzen bestimmten Lebensweise; dagegen ist nach christlicher Überzeugung die Annahme des Jesus von Nazareth als dem Messias Israels durch die Juden eine Erfüllung und Vollendung der den Juden in der Heiligen Schrift gemachten Zusagen. Es ist nicht nur lieblos, sondern auch ganz schlicht unrichtig, das gemeinsame Gut, unser ganzes Altes Testament, zu leugnen; diese Unkenntnis verschafft sich auf christlicher Seite manchmal in recht bezeichnenden Fehlleistungen Ausdruck, so etwa zum Beispiel, wenn vom Gebot der „christlichen Nächstenliebe" geredet und dabei übersehen wird, daß dieses Gebot aus dem Alten Testament stammt und uns darum mit den Juden gemeinsam ist.

Um den Unterschied im Verhältnis der Kirche zu den Juden und zu den Heiden zu markieren, wurde in den theologischen Erörterungen der letzten Zeit der Vorschlag gemacht, hier von einem Gespräch mit Israel zu reden. Dieser Ausdruck wurde durch verschiedene Veröffentlichungen schon recht strapaziert und hat dadurch an Klarheit nicht zugenommen; er wurde oft in dem Sinne mißverstanden, als sei ein solches Gespräch gleichzusetzen mit einem unverbindlichen Gerede und einer daraus sich ergebenden Verleugnung unseres Herrn. Davon kann keine Rede sein. Es darf dies ja nicht ein lahmes Miteinanderreden sein, indem man sich gegenseitig höfliche Komplimente macht. Vielleicht sollte in diesem Zusammenhang darauf aufmerksam gemacht werden, welch unverdiente Gnade für uns Christen darin besteht, daß nach all der furchtbaren Schuld der Christen an den Juden – auch die Mörder im Nationalsozialismus waren ja getauft und hatten eine christliche Unterweisung genossen! – dieses Gespräch überhaupt in Gang gekommen ist. Es geht wirklich um ein Gespräch, in dem Fragen und Infragestellung in einer sachlichen Art auf uns zukommen und gerade so eine tiefe Bereicherung bedeuten. Selbstverständlich ist es ein Gespräch zwischen Juden und Christen, bei dem niemand sich einer Anschauung und seines Glaubens zu schämen braucht, sondern bei dem alle Teilnehmer erwarten, daß Zeugnis abgelegt wird von und für die Souveränität des unser Leben regierenden lebendigen Gottes! Ein Zeugnis, das in aller Liebe und Sachlichkeit geschehen will und das Fragen und Rückfragen an unser Verständnis des Alten Testaments einschließt. Ein solches Gespräch darf seinen Charakter nach als Zeugnis verstanden werden, und zwar in Entsprechung zu Diskussionen mit katholischen Partnern, bei denen es nie um Missionsbemühungen, sondern nur um die Betonung von (schon) Gemeinsamem und (noch) Trennendem in der Hoffnung auf eine durch Gott selbst zu vollziehende Einheit gehen kann.

4. Faktor der Einheit

Trotz verschiedenartiger Strömungen und Glaubensrichtungen ist Israel bis auf den heutigen Tag eins geblieben; es legt damit Zeugnis ab von der von Gott gewollten Einheit des Volkes Gottes. Dieses Zusammenfinden zur Einheit ist nicht etwa ein überflüssiger Luxus einiger dafür sich besonders interessierender Fachleute und Theologen, sondern es geht hier um die Glaubwürdigkeit des Auftrags der Kirche überhaupt.

Das Gebet Jesu für die Einheit seiner Kirche weist nicht nur darauf hin, daß die Gemeinschaft unter Christen dauernd vom Virus der Zersetzung bedroht ist, sondern es ist gefolgt von der eindringlichen Bemerkung, daß der Erfolg ihrer Sendung in der Welt davon abhängt. Die Zerrissenheit der Kirche ist kein Schönheitsfehler, sondern ein Skandal, der die Welt, an die wir gewiesen sind, am Glauben hindert (vgl. Joh. 17,21). Denn die in der Christenheit noch fehlende, aber verheißene und darum auch geforderte Einheit soll ja nur ein Abbild und Hinweis für die im Frieden der Versöhnung sich vollziehende Einheit aller Menschen sein. Bis jetzt hat die Kirche in ihrer Geschichte allerdings mehr einen Anschauungsunterricht über die verschiedenartigsten Formen von Spaltungen gegeben und ist damit in einem ganz wesentlichen Punkte hinter ihrem Auftrag zurückgeblieben.

Hängt dies nicht damit zusammen, daß die Verbindung zu Israel sich lockerte und zerschnitten wurde, dessen einziges „Dogma" die Einheit Gottes ist? Nicht eine mathematische und organisatorisch festliegende Einheit im Sinne einer starken Uniformierung, sondern eine lebendig bewegte Einheit in der Weise, daß der Gott Israels von seinem Wesen her auf das Einswerden der Menschen in der Versöhnung – Sünde ist ja ihrer Natur nach Sonderung und Spaltung! – und auf ein wirkliches Zusammenfinden der Menschen aus ist. „Es ist die Einheit der ausgebreiteten und ausgestreckten Arme", wie es in dem Wort der Reformierten Generalsynode heißt.

„Fehlt der Kirche diese Einheit oder gar der Schmerz über ihre Uneinigkeit", so heißt es in diesem Wort an einer anderen Stelle, „... so hält Israel dafür, daß die Kirche noch nicht einmal an das allererste Kennzeichen seines Messias herankommt. Ökumenische Einheit ist für die Begegnung der Kirche mit Israel die Frage von Sein und Nichtsein." So ist Israel in seiner Einheit ein unüberhörbarer Aufruf an die Christenheit, sich in einer dringlichen Weise dieses Mangels bewußt zu werden. Aber noch mehr: es darf nicht bei dieser Zerrissenheit bleiben. Man muß sich dabei aber auch im klaren sein, daß diese Einheit nicht durch Kompromisse oder Erweichungen, sondern einzig in der Wahrheit der Versöhnung zustande kommen kann. Sonst bleibt das Volk Gottes ein unvollendeter Torso.

Vor einiger Zeit (1961) fand im Benediktinerkloster Niederaltaich ein Gespräch zwischen Juden, Katholiken und Protestanten statt. Im Gästebuch dieses Hauses der Begegnung standen nach der Tagung folgende Sätze: „Wenn die Christen eins werden, dann tun sie Israel einen Dienst. Wo wir als Christen auf Israel hören, da fördern wir auch unser Einswerden miteinander."

Diese Aussage ist nicht nur ein frommer Wunsch; sie gründet sich auf die Gewißheit, daß die Offenbarung Gottes auch eine Botschaft der Hoffnung ist, die letztlich über alles Versagen von seiten der Menschen triumphieren wird; denn die Spaltungen – trotz allen Mühens um die Wahrheit letztlich eine Folge der in der Sünde liegenden Sprengkraft – haben nicht das letzte Wort im Plane Gottes mit uns Menschen.

5. Garant der Hoffnung

Die Vollendung dieses Planes steht noch aus. Israel ist in seinem Dasein ein unübersehbarer Hinweis auf die Einlösung der Verheißungen Gottes, die sich erst noch ereignen muß. Dieses Volk lebt – und die Kirche ebenfalls, denn die christliche Hoffnung ist die Tochter der jüdischen Erwartung – von diesem Hoffen auf die Treue Gottes.

Diese unerschütterliche, nach vorwärts gerichtete Hoffnung der Juden ist ein Pfahl im Fleische aller menschlichen Projekte und Programme, die irgendein Paradies auf Erden errichten wollen; dabei spielt es keine Rolle, ob das Bild von diesem Paradies mehr „christlich" oder mehr kommunistisch getönt ist. Die Juden sind hier wie ein „erratischer Block", der sich in das Gebäude der menschlichen Weltanschauungen nicht als irgendein Grund- oder Baustein einfügen läßt. Diese Durchkreuzung nimmt man den Juden von jeher übel. Als Christen sollten wir aber hier nicht in irgendeiner Weise aufbegehren, sondern uns daran erinnern lassen, daß die Juden eine nicht wegzuräumende Barriere gegen jede Art von sichtbarer Vorwegnahme des Reiches Gottes in dieser Welt bilden. Sie rufen uns unüberhörbar ins Gedächtnis, daß auch wir Christen „hier keine bleibende Stadt haben, sondern die zukünftige erst suchen" (Hebr. 13,14).

Der Charakter dieses Unterwegsseins – nämlich, daß wir uns als Pilger auf dem Weg in die Heimat befinden – ist Juden und Christen gemeinsam. Es war darum eine folgenschwere Fehlleistung, als die Christenheit sich zu fest in dieser Welt ansiedelte und dadurch die Hoffnung auf die sichtbare Offenbarung der Herrschaft Gottes zu einem ihr tatsächliches Verhalten nicht mehr prägenden Anhängsel ihres Glaubens wurde. Hand in Hand damit machte sich eine immer tiefergreifende Abneigung gegen Israel breit, und die Enderwartung wurde so zu einer Beute der Sekten, die in einer unguten Verzerrung und Übersteigerung eines richtigen Ansatzes das Entscheidende mehr verbargen als deutlich machten. Diese „Hoffnungslosigkeit" der Kirche ist zu einer schleichenden, bösen Krankheit geworden, die mit ihren Auswirkungen sich in allen Lebensbereichen zersetzend auswirken mußte.

Es kann daher nicht wundernehmen, daß auf der 2. Vollversammlung des Ökumenischen Weltkirchenrats in Evanston (1954), die unter dem Thema „Christus – die Hoffnung der Welt" stand, in der Schlußbotschaft Israel und den Juden ein Platz verweigert wurde; ein entsprechender Antrag wurde mit 195 gegen 150 Stimmen abgelehnt.

Denn von ihrer Tradition her ist die Kirche nicht gewöhnt, einen Zusammenhang zwischen der Erwählung Israels und der Hoffnung der Kirche zu sehen, obwohl Paulus vor Herodes Agrippa II. bezeugte: „Ich stehe jetzt vor Gericht wegen der Hoffnung auf die von Gott um unserer Väter willen ergangene Verheißung ... Um dieser Hoffnung willen werde ich, mein König, angeschuldigt, und das von den Juden." (Apg. 26,6. 7) Daraus erhellt, daß auch die Hoffnung Israels Juden und Christen unauflöslich verbindet.

Es war ein verheißungsvoller Lichtblick, daß auf der eben erwähnten Konferenz von Evanston 24 Delegierte eine Sondererklärung abgaben, in der es u. a. heißt: „... Ein Glied der Kirche zu sein bedeutet daher, mit den Juden zusammengeschlossen zu sein in unserer einen, unteilbaren Hoffnung auf Jesus Christus ... Unsere Hoffnung auf den kommenden Sieg Jesu Christi schließt in Christus unsere Hoffnung für Israel und den Sieg über die Blindheit seines eigenen Volkes ein ..."

Gewiß, in der Geschichte sind Juden und Christen getrennt worden, entfernten sie sich voneinander und wurden sich fremd, so daß Argwohn und Mißtrauen das gegenseitige Verhältnis immer mehr bestimmten. Doch kann die durch den lebendigen Gott uns zuteil gewordene Hoffnung das Getrennte wieder zusammenfügen. Wenn wir als Christen ernsthaft mit unserer Hoffnung rechnen und daraus auch die Konsequenzen für unser Verhalten ziehen, treffen wir mit den Juden zusammen, nicht so, daß damit plötzlich wie mit einem Zauberstab der Riß zwischen Juden und Christen geheilt wäre, sondern in der Weise, daß der bösartige und tiefgreifende geistliche Konflikt als schmerzlich empfunden, brüderlich ausgetragen und vom Heil des Gottes Israels in Jesus Christus die wirkliche Heilung erhofft wird. In der Atmosphäre dieser Hoffnung auf Gottes Endsieg muß jede Feindschaft gegen die Juden an der Wurzel verdorren wie eine giftige Pflanze, der der Nährboden entzogen wird. Jeder Versuch und Verführung zur prinzipiellen Feindschaft gegen Israel und die Juden dürfen wir getrost das Wort der Schrift wie einen schützenden Schild entgegenhalten: „Das Heil kommt von den Juden.“ (Joh. 4,22) Denn in diesem Wort wird die Geschichte Gottes mit Israel und unser Heil in einer unverbrüchlichen Weise zusammengefaßt. Dieses Wort schließt ja nicht nur die Vergangenheit der Geschichte Gottes mit der Welt, sondern auch die Zukunft der noch ausstehenden Vollendung des Heiles in sich; dieses Heil, die umfassende Rettung, bleibt nach der geheimnisvollen Anordnung Gottes mit der Existenz Israels verknüpft. Jeder Antisemitismus feiner und grober Art entzündet sich im Grunde daran, daß er an dieser Erwählung Israels und darum an seinem Heilscharakter Anstoß nimmt und ihn darum in Abrede stellt. Dabei spielt es keine Rolle, ob der Antisemit sich dessen bewußt ist.

III. Sinn und Bedeutung der Erwählung

1. Der Segen

Der Sinn der Erwählung liegt in dem Segen, der durch den Griff des lebendigen Gottes nach Israel allen Geschlechtern auf Erden zuteil werden soll (1. Mose 12,6).

Diese Beschlagnahme Israels für Gott ist nach der Magna Charta der Gnadenwahl von 5. Mose 7,7. 8 („Nicht hat der Herr euch angenommen, und euch erwählt, darum daß euer mehr wäre als alle Völker; denn du bist das kleinste unter allen Völkern sondern darum, daß er dich geliebet hat.“) ein souveräner, in seiner Zuneigung allein begründeter Herrschaftsakt; darum gehört auch der Gehorsam diesem Herren gegenüber zum Lebenselement dieses Volkes. Die exemplarische Bedeutung dieser Wahl Gottes ist ein Segen für alle Welt: Alle Menschen werden eingeladen und aufgefordert, ihr Leben nach den Normen der Gebote Gottes einzurichten. Dies ist kein harter Zwang, sondern der Weg der Freiheit von allen durch die Willkür und den Eigennutz geprägten Satzungen, die den Menschen nur versklaven und in Unsicherheit stürzen können. Der Regelung unserer mitmenschlichen Beziehungen wird dadurch ein ordnendes und feststehendes Zentrum zuteil. Dabei ist der Test für die Echtheit unseres Handelns unser Verhalten gegenüber den Schwachen jeder Art; im Alten Testament werden diese Hilflosen repräsentiert durch die Dreiheit von Waisen, Witwen und Fremdlingen. In diesen Zusammenhang gehört auch, daß Jesus Christus unser Verhalten zu den „armen und geringen Brüdern“ zum Prüfstein für unsern Gott geschuldeten Gehorsam erhebt. Die Anschauung des heutigen Judentums weist in die gleiche Richtung. So äußerte sich der bekannte Rabbiner Leo Baeck: „Es darf nie vergessen werden: das Judentum ist als Religion Israels zuerst in die Welt getreten als religiöse Revolution, aber ebensosehr als eine soziale Revolution. Es trat in die Welt als eine Proklamation an alle die Armen, die Kleinen, die Bedrückten, die Bedürftigen.“

Der Antisemitismus ist darum in seiner Gefährlichkeit gar nicht auszuloten: Er ist nicht nur eine bedauerliche Spannung zwischen verschiedenen Menschengruppen, sondern er ist immer auch – und dies eigentlich in erster Linie! – ein gezielter Angriff auf die Fundamente unserer Menschlichkeit, die durch ihn systematisch unterminiert werden. Hier dämmert der Dschungel der Barbarei herauf; das Recht des Stärkeren wird gepriesen und verherrlicht, der Schwächere dagegen wird zertreten. Schon 1923 wies Arnold Schönberg darauf hin, als er in einem Brief fragte: „Wozu soll der Antisemitismus führen, wenn nicht zu Gewalttaten? Ist es so schwer, sich das vorzustellen?" Hitler ließ wirklich die Katze aus dem Sack, als er vor seinen Palladinen im engsten Kreis „den Zehn Geboten den Krieg erklärte". Dadurch wurde folgerichtig die Unmenschlichkeit zu einem alle bedrohenden und vernichtenden Prinzip. Man muß in diesem Zusammenhang nachdrücklich betonen, daß nicht nur 5 bis 6 Millionen Juden – darunter 1,8 Millionen Kinder unter 14 Jahren – von nationalsozialistischen Schergen hingemordet, sondern daß auch Millionen anderer Menschen unter dem Titel des sogenannten „lebensunwerten Lebens", wie etwa Schwachsinnige, umgebracht wurden.

Wer nicht merken will, wie diese grausame Vernichtung von Menschenleben hier und dort innerlich miteinander verknüpft ist, hat noch nicht begriffen, daß die Mißachtung des Segens der Gebote Gottes sich nur als realer, schrecklicher, unser Leben bedrohender Fluch auswirken kann.

2. Das Leiden

Der Segen der Erwählung ist aber kein bequemes Glück, vor dem wir Menschen nur zu leicht und zu gerne träumen. Die Erwählung Gottes schließt als ein Zeugnis von der Herrlichkeit Gottes die Schmach des ihm nachfolgenden Volkes ein. Denn dieser Ruf führt in eine Richtung, die den üblichen Weltanschauungen und den Mächtigen dieser Welt genau entgegengesetzt ist. Darum löst die Erwählung Widerspruch aus, die sich von der leisen Abneigung über glühenden Haß bis zu hemmungsloser Verfolgung steigern kann. Da Gott seinem Botschafter in dieser Welt – seinem Volk! – nicht seine Exterritorialität wegnimmt und dadurch eine Verbrüderung mit den Mächten dieser Welt verhindert, befindet sich der Erwählte in einer wenig beneidenswerten Lage: Er ist von Gottes zurechtweisendem Eingreifen bedroht, wenn er sich offen oder auf Schleichwegen auf die andere Seite schlagen will. Diese Neigung „wie alle Heiden zu sein" (1. Sam. 8,20) steckt in uns allen – und bedeutet tödliche Gefahr. Auf der anderen Seite bedeutet das Ausharren und Weitergehen nach den von Gottes Gebot erteilten Richtlinien Leiden von seiten der Menschen, die um jeden Preis diesen Weg Gottes mit den Menschen blockieren wollen.

Es kann darum keine Rede davon sein, daß das Leiden der Juden eine Strafe für ihre Verwerfung sein müßte, während man in der Christenheit das Leiden als Auswirkung der gehorsamen Nachfolge verstehen dürfte. Eine derartig willkürliche Trennungslinie ist uns untersagt. Erwählung und Leiden des Erwählten gehören zusammen – für die Juden und für die Christen. Es ist eine schlimme Überheblichkeit, das Leiden sich selbst als Auszeichnung anzuheften, den Juden es aber als Brandmal der Schande aufprägen zu wollen. In einem frühen Midrasch – Auslegung der hebräischen Bibel durch die Synagoge – heißt es: „Herr der Welt, wären wir unbeschnitten, dem Götzendienst ergeben oder deinen Geboten ungehorsam, dann hätten sie uns nicht gehaßt oder verfolgt, aber nun rührt es einzig und allein von deinem Gesetz und deinen Geboten her, die du uns gegeben hast, daß wir leiden." In die gleiche Richtung weist ein Spruch aus der jüdischen Literatur aus dem 3. Jahrhundert; dort wird gefragt: „Wem gleichen wohl die Völker der Welt?" Und die Antwort lautet: „Einem Menschen, der den König haßt, der sich seiner bemächtigen möchte, aber es nicht kann. Deshalb versucht er seinen Mut zu kühlen an dem, der im Dienste des Königs steht und den er packen kann. Gott möchten

die Völker etwas anheben; da sie es aber nicht vermögen, reiben sie sich an Israel."
Der unheimliche Aufruhr gegen den lebendigen Gott im Ansturm gegen sein Volk Israel ist wohl kaum tiefer durchschaut worden als mit diesem knappen Gleichnis. In jeder Verfolgung geht es ja im Grunde um die Notwehr: „Wir wollen nicht, daß dieser über uns herrsche." (Lk. 19, 14) Dieser Haß kann sich zu einem furchtbaren Vernichtungswillen steigern, und doch konnten Opfer dieser Wut in aller Angst gelassen den Schritt über die Schwelle des Todes wagen. Aus Auschwitz, jenem fürchterlichen Vernichtungslager, wird berichtet, wie vor den Gaskammern die mit Juden beladenen Kraftwagen der SS hielten und wie die Todeskandidaten wie üblich die Autos verlassen mußten. Da erscholl es mit einem Mal aus vielen hundert Kehlen, aber wie aus einem Mund in den dunklen Nachthimmel: „Schema Jisrael – Höre Israel, der Herr unser Gott ist ein einiger Gott..." Mit diesem Bekenntnis zum lebendigen Gott auf den Lippen traten diese Juden durch die offenen Türen in die Kammern des Todes ein. Ist ein solches Lied nicht das Siegel der Erwählung? Und müßte es uns eigentlich nicht bedrücken, daß dieses Leiden in den vergangenen Jahrhunderten – von Außenseitern in der Christenheit abgesehen – mit seinem Schwergewicht viel mehr auf unseren jüdischen Brüdern lastete? Ist es ein gutes Zeichen, wenn die auch uns Christen von unserer Erwählung her geltende Markierung offenbar so verwischt und so verschwommen war, daß die Christenheit weithin keine eindeutige Herausforderung für die Welt mehr bedeutete? Ist in unserem praktischen Verhalten – und auch in der Orientierung unserer Kirchen – nicht die Einsicht zu kurz gekommen, daß die Welt uns haßt, weil Jesus uns erwählt hat? (Joh. 15, 19) Ist nicht weithin das Kreuz – der Galgen der Schande, ein Zeichen des Leides und des Leidens – in ein harmloses Abzeichen verniedlicht worden, weil es uns nicht mehr bewußt ist, daß der schlechthin Erwählte – nämlich Jesus von Nazareth, der Messias Israels – auch der zutiefst Leidende war, als er am Kreuz schrie: „Mein Gott, mein Gott, warum hast du mich verlassen?" (Mt. 27, 46)

Erst seit Juden und Christen in der hinter uns liegenden Zeit des sogenannten Dritten Reichs gemeinsam verfolgt wurden, wobei die jüdischen Brüder die Hauptlast zu tragen hatten, wurde uns in einer ganz neuartigen Weise die Chance zuteil, das über diese beiden Gruppen hereinbrechende Leiden als Zeichen der Erwählung und die daraus sich ergebende Zusammengehörigkeit zu sehen. Darum richtet sich die Feindschaft gegen die Juden letztlich immer auch gegen den Juden Jesus von Nazareth, dies kann geschehen in milden oder brutalen Protesten, in „Arisierungsbemühungen" verschiedener Schattierungen, aber auch in schrecklichen Versuchen eines Attentats, bei dem alle Masken fallen, wie bei jenem entsetzlichen Vorfall im Ghetto von Wilna. Dort gab es einen Juden, den die Wachmannschaft zum Spott „Jud Jesus" nannte. Eines Tages ergriffen sie ihn, führten ihn vor das Lager, zerschunden ihm sein Haupt mit einer Krone aus Stacheldraht, und kreuzigten ihn dann, um dadurch Juden und Christen gemeinsam zu verhöhnen. Hier ist der Vorhang von der grauenhaften Nacktheit des Antisemitismus zerrissen; er stürmt letzten Endes gegen den Gott Israels und gegen das Israel Gottes.

Darum gilt es den Zusammenhang zwischen der Erwählung und dem Leiden festzuhalten, wie dies in der These V von Bergneustadt (1960) geschehen ist. Dort heißt es: „Nach biblischem Denken ist die Erwählung Gottes und das Leiden des Erwählten untrennbar verbunden. Das jüdische Leiden ist nicht nach dem populären Denkschema von Schuld und Strafe zu erklären." (Jer. 53,4. 5; Jer. 20, 7. 9; das Buch Hiob; 2. Kor. 11,22–30; Joh. 9,1–3)

*3. Der Nonconformismus**

Die Erwählung bildet als die entscheidende Dienstverpflichtung durch den lebendigen Gott die unüberschreit-

* Nonconformismus bezeichnet eine Einstellung, auf Grund derer man sich bewußt, entschieden und öffentlich anders verhält, als dies die Meinung und die daraus resultierenden Gesetze und Maßnahmen einer Mehrheit vorschreiben.

bare Demarkationslinie zu dem Machtbereich aller anderen Gewalten. Erwählte leben immer – sofern sie diesem Ruf treu bleiben – in jener eigentümlichen Leidenschaft eines letzten Abstands von den Weltanschauungen, Losungen und Schlagworten dieser Welt. Jede Gleichschaltung nach außen oder innen ist ihnen verwehrt, weil die bereitwillige und aufrichtige Beugung unter den einen lebendigen Gott das Paktieren mit den Göttern und Götzen dieser Welt verbietet und unmöglich macht. Dieser Unterwegscharakter der Erwählten verhindert ihr Aufgehen in dem Ozean der sie umgebenden Völkerwelt. Erwählte sind Menschen, „die hinwegeilen" (2. Mose 12,11). Diese von Gott ausgelöste Bewegung darf nicht durch irgendeine Anbiederung an die herrschenden Mächte zum Stillstand kommen. Diese Distanz ist auch uns Christen anbefohlen, es wird uns ja ausdrücklich geboten, „uns nicht dem Schema dieser Welt gleichzustellen" (Römer 12, 2).

Die Juden müssen uns Christen daran erinnern, den Mut und die Demut zu haben, im Gehorsam auch als Fremdkörper zu gelten. Diese Abweisung der Erwählten, die sich bis zur Ausweisung und Verpflichtung, ja zur Vernichtung steigern kann, möchte dieses bohrende, wie ein Pfahl im Fleische der Völker steckende Frage- und Ausrufungszeichen Gottes zunichtemachen. Bleibt diese Reaktion aus, so muß gefragt werden, ob wir als Christen in der Nachfolge des Gekreuzigten stehen (vgl. Mt. 5,11–20; 10, 24. 25). Immer wieder taucht dieser Vorwurf der Fremdartigkeit in der antisemitischen Polemik auf, manchmal in recht gehässiger Weise, so zum Beispiel in einem im letzten Jahrhundert von Naudh (1885) verfaßten Buch: „Wenn der deutsche Staat die Personification des deutschen Volkes ist, so gehören die in Deutschland lebenden Juden so wenig zum deutschen Staate, wie der Bandwurm zur Person des Patienten."

Daß dieser Ton übel und häßlich ist, kann keinem Zweifel unterliegen. Man darf aber von derartigen Angriffen her sich nicht in eine Verteidigungsstellung drängen lassen, in der man sich für Mißverständnisse und Fehldeutungen entschuldigt und die eigene, besonders tiefe Verwurzelung in den Faktoren von Volk und Staat betont und herausstreicht. Denn diese Verdächtigungen gründen sich auf keine falsche Sicht der Dinge; mit der Schärfe des Gegners sieht man hier, allerdings meist auf den unangemessenen Horizont des Rassenstandpunkts verkürzt, wie hier jede menschliche Unbedingtheit bedroht, weil vom lebendigen Gott her konkret in die Schranken gewiesen ist. Und vor allem: Solange noch ein letzter freier Spielraum vorhanden ist, in dem die Menschen sich bewegen können, kann der würgende Zugriff des alles einebnenden und zertrampelnden Totalitarismus nicht ganz zu seinem Ziele gelangen. Nicht umsonst nannte Hitler das Gewissen eine „jüdische Erfindung". Die aus der Erwählung sich ergebende Distanz und Überlegenheit ist darum gleichbedeutend mit dem Hort der Freiheit und des Gewissens.

Dies brachte Leo Baeck zum Ausdruck, als er sagte: „So sollte der Jude als Jude sein: der große Nonconformist in der Geschichte... Dazu war er da. Um dessentwillen, mußte der Kampf für die Religion ein Kampf um diese Selbsterhaltung sein..." In dem von Gottes Erwählung her begründeten Nonkonformismus wird ein solider Damm errichtet gegen die bedrohlichen Überschwemmungen der Unmenschlichkeit jeden Grades. Nähmen wir doch diese uns geltende Erwählung mit all ihren in unserem Alltag sich abzeichnenden Konsequenzen ernster, dann wären wir wahrhaftig vor Katastrophen besser geschützt!

IV. Katastrophe und Heimkehr

1. Die planmäßige Vernichtung

Durch die dem Nationalsozialismus zugehörigen Henker ist dem Judentum der größte Aderlaß in seiner Geschichte zugefügt worden. Diese Ausrottung wurde durch die Ausbreitung des Judenhasses vorbereitet; dieses unheilvolle Gift wurde der Bevölkerung in grober und feiner Dosierung verabreicht. Schon 1925 bezeichnete Adolf Hitler in seinem Buch „Mein Kampf" die Juden als „Maden im faulenden Leib", das heißt als Ungeziefer, das vertilgt werden müsse. Sein Kampf gegen die Juden hatte tiefe, religiös verbrämte Wurzeln. „So glaube ich heute, im Sinne des allmächtigen Schöpfers zu handeln. Indem ich mich der Juden erwehre, kämpfe ich für das Werk des Herrn." (Adolf Hitler) Diese noch zurückhaltend formulierten Äußerungen, die auf eine Ausschaltung der Juden aus ihren vermeintlichen Schlüsselstellungen abzielten, gewannen an schrecklicher Deutlichkeit, als Hitler nach seiner Machtergreifung sich immer sicherer fühlte, seine Hemmungen abstreifte und seine Maske fallen ließ. So erklärte er im Jahre 1938 vor sogenannten „alten Kämpfern", langjährigen Mitgliedern der Partei vor der Machtergreifung: „Völker Europas, euer Erbfeind ist das Volk der Juden. Das deutsche Volk hat es gewagt, ihm die Stirne zu bieten ... Die Erkenntnis muß und wird sich Bahn brechen, daß die Völker Freiheit und Frieden haben werden, wenn sie sich die Hände reichen zur Niederringung der Macht jenes Volkes, von dem schon Christus gesagt hat, sein Vater sei der Teufel ... Wir können daraus die Lehre ziehen, gegen die jüdische Brut in Deutschland unbarmherzig vorzugehen ... Ich will dich vernichten. Und jetzt, Klugheit, hilf mir, dich so in die Ecke hineinzumanövrieren, daß du zu keinem Stoß kommst, und dann kriegst du deinen Stoß ins Herz."

Damit wurde die Richtung festgelegt, in der sich die Maßnahmen gegen die Juden bewegen sollten. Die Programme für die Ansiedlung der Juden an irgendeinem Punkt der

Welt ließ man fallen; ihre Umsiedlung nach dem Osten Europas war Durchgangsstation zur letzten Etappe auf dem Weg zur „Endlösung der Judenfrage". Was damit gemeint war, führte Alfred Rosenberg, ein enger Mitarbeiter Hitlers, mit schauerlicher Deutlichkeit aus (1942): „Nun gehen wir daran, diesen Schmutz auszurotten. Was heute mit der Ausschaltung der Juden aus allen Staaten des europäischen Kontinents geschieht, ist auch eine Humanität, und zwar eine harte biologische Humanität. Sie bedeutet, daß die Volkskörper wieder sauber, gesund und menschlich gemacht werden, wie sie es früher waren ... Die Judenfrage in Europa und Deutschland ist nur dann gelöst, wenn es keinen Juden auf dem europäischen Kontinent mehr gibt."

Solche Worte des Hasses haben eine grauenhafte Saat aufgehen lassen; die blutige Ernte dieses Antisemitismus bestand in dem bis ins letzte ausgeklügelten und raffiniert durchgeführten Mord an fast 6 Millionen Juden. Das Vernichtungslager von Auschwitz ist zum Symbol dieser grauenhaften Ausrottung geworden. Diese fürchterlichen Vernichtungspläne hätten sich wohl kaum so reibungslos durchführen lassen, wäre nicht schon lange vorher das lähmende Gift solchen Hasses in Herzen und Verstand geträufelt worden. Dadurch wurde besonnene und mutige Gegenwehr blockiert.

Judenfeinde aus dem 19. Jahrhundert sind für diese Entwicklung unheilvolle Wegbereiter gewesen. Grünes Licht für die Vernichtung wurde grundsätzlich schon gegeben, als Eugen Dühring (1886) erklärte: „Es würde also alle H u m a n i t ä t mißverstehen heißen, wenn man hier auch nur einen Augenblick Anstand nehmen und sich scheuen wollte, den Kampf gegen die Juden nicht ernsthaft auf eine dauernde Unschädlichmachung einzurichten." Es ist bezeichnend, wie immer wieder versucht wird, die Ausrottung der Juden als eine h u m a n e M a ß n a h m e erscheinen zu lassen, um alle sich etwa regenden Gewissensbedenken dadurch aus dem Feld zu schlagen. Dieser entschlossene, jeder Menschlichkeit Hohn sprechende Vernichtungswille zeigt sich in jenem Wort von Paul de Lagarde (1888), in dem durch die Einreihung der Juden unter das Ungeziefer ein entscheidender Schritt in dieser bösen Richtung getan wird: „Es gehört ein Herz von der Härte einer Krokodilshaut dazu, um mit den armen, ausgesogenen Deutschen nicht Mitleid zu empfinden, und die Juden nicht zu hassen und jene, die – aus Humanität – den Juden das Wort reden oder die zu feige sind, dies Ungeziefer zu zertreten. Mit Trichinen und Bazillen wird nicht verhandelt. Trichinen und Bazillen werden auch nicht erzogen, die werden so rasch und so gründlich als möglich unschädlich gemacht."

Daß derartige Äußerungen auf einen fruchtbaren Boden fielen und sich furchtbar auswirkten, zeigt der Bericht eines Juden aus dem Ghetto von Wilna: „Ich habe Familienväter in deutschen Uniformen gesehen, die Säuglinge an den Beinchen packten und sie an der Wand zerschmetterten. ‚Denn', so sagten sie, ‚kleine Wanzen sind auch Wanzen.' "

2. *Die unerwartete Landnahme*

Diese Ausrottung der Juden bedeutet – zumindest für Mitteleuropa – das Scheitern des Versuchs, die Juden als gleichberechtigte Bürger in die Gemeinschaft eines Staates und die Gesellschaft überhaupt hineinzunehmen. Das Judentum erschien den Befürwortern einer solchen Assimilation nur als Religion. Dabei wurde übersehen, daß die Juden in gleicher Weise ein Volk bilden.

Von ernsthaften Juden wurden diese beiden Seiten des Judentums klar und deutlich erkannt. Der bedeutende Historiker und Gelehrte Simon Dubnow brachte den Zusammenhang von Glaube und Volk im Judentum auf folgende anschauliche Formel: „Man übersah, daß, sobald dem Faß der Boden ausgeschlagen wird, auch der Wein verlorengeht, daß ohne ein lebenskräftiges, einen kulturgeschichtlichen Sondertypus darstellendes jüdisches Volk auch der Inbegriff seiner geistigen Gestaltungsformen, des Judentums, undenkbar ist." Daß alle Vorwürfe und Anklagen dem Judentum und den Juden selbst galten und nicht etwa nur auf die Überwindung von „sogenanntem typisch jüdischem Verhalten" abzielten, zeigte der angesehene jüdische Gelehrte Ismar Elbogen in einem resignierten Resumé: „Sie (die Juden) haben ihr Bestes getan . . ., ihr jüdisches Bekenntnis so unbemerkt wie möglich zu gestalten, ihre jüdische Betätigung auf Gottesdienst und Wohltätigkeit zu beschränken . . . Und nun erfuhren sie, daß das alles nicht genügte, daß ihr bloßes Dasein störte, daß selbst den freiesten Christen der freie Jude noch zu viel Jude war."

Daraus zogen weitblickende und nachdenkliche Juden die Folgerung, das Judentum müsse sich eines Charakters als Volk erneut bewußt werden. Erst dann könne es zur Achtung vor sich selbst finden und Respekt von seiten seiner Umwelt erringen.

In neuer Zeit hat der in Rußland lebende Arzt Leon Pinsker zum erstenmal erkannt, daß die Unerträglichkeit in der Lage der Juden mit diesem mangelnden oder gar fehlenden Selbstbewußtsein als Volk zusammenhing. In seinem 1882 erschienenen Buch („Autoemanzipation") führte er aus: „Der Jude ist für die Lebenden ein Toter, für die Eingeborenen ein Fremder, für die Einheimischen ein Landstreicher, für die Besitzenden ein Bettler, für die Armen ein Ausbeuter und Millionär, für die Patrioten ein Vaterlandsloser, für alle Klassen ein verhaßter Konkurrent." Den Ausweg aus dieser unheilvollen Sackgasse sah er darin, daß die Juden in einem eigenen Land zuhause sein könnten. „Solange wir nicht wie die anderen Nationen ein eigenes Heim haben, werden wir ein für allemal die Hoffnung aufgeben müssen, mit den anderen gleichwertige Menschen zu werden." Bei diesem ersehnten Ziel steht ihm nicht einmal die alte Heimat im Vordergrund. „Wir dürfen nicht davon träumen, das alte Judäa wiederherzustellen." Hauptsache ist ein Stück eigenes Land, aus dem kein fremder Herr sie wieder ausweisen kann. „Dorthin wollen wir das Heiligste mitbringen, was wir aus dem Schiffbruch unseres einstigen Vaterlandes gerettet: die Gottesidee und die Bibel. Denn nur diese sind es, die unser altes Vaterland zum Heiligen Land gemacht haben, nicht etwa Jerusalem oder der Jordan." Doch die Sehnsucht nach diesem von Gott seinem Volk zugesagten Land klingt noch leise an: „Möglicherweise könnte auch das Heilige Land unser eigenes werden." Für die dringende Befreiung aus Verfolgung und Unterdrückung wurde aber die Rückkehr nach Palästina nicht zur Bedingung gemacht.

War es verständlich, daß diese Stimme aus dem Osten Europas laut wurde, in dem Pogrome und Maßnahmen gegen die Juden an der Tagesordnung waren, so mußte es in Erstaunen setzen, daß auch im Westen Europas der Ruf zu nationaler Sammlung erhoben wurde. Dort war man weithin der Meinung, mit der Einbürgerung und Gleichberechtigung sei das durch die Juden gestellte Problem gelöst. Doch zeigten die schrecklichen Haßausbrüche anläßlich des Dreyfusprozesses in Frankreich, daß man von einer wirklichen Eingliederung der Juden noch weit entfernt war. Unter der Decke des Juden wie Nichtjuden geltenden Rechtsschutzes schwelte die Glut des alten Hasses fort, und es bedurfte offenbar nur eines kräftigen Windstoßes, um die Leidenschaften zu lodernden Flammen zu entfachen. Diese Erfahrung in Paris wurde für den Korrespondenten der „Neuen Freien Presse" (Wien), Theodor Herzl, der Anlaß zu gründlichem Umdenken.

In seinem epochemachenden Buch „Der Judenstaat" (1896) gelangt er mit seinen Überlegungen zu ähnlichen Aussagen wie Pinsker. Zunächst zeigt er auf, wie im Antisemitismus neben allen bösen Vorurteilen und der fanatischen Unduldsamkeit eine Frage aufbricht, auf die bis jetzt keine wirklich befriedigende Antwort gegeben wurde. Nach der Meinung Herzls wird dieses Problem verkannt, wenn es nur unter den seither üblichen Gesichtspunkten ins Blickfeld gerät: „Ich halte die Judenfrage", so führt er aus, „weder für eine soziale noch für eine religiöse, wenn sie sich auch noch so oder anders färbt. Sie ist eine nationale Frage, und um sie zu lösen, müssen wir sie zu einer politischen Weltfrage machen ... Wir sind ein Volk, ein Volk."

Mit unbestechlicher Sachlichkeit sieht Theodor Herzl das Scheitern eines normalen Zusammenlebens von Juden und Nichtjuden. Es hat darum keinen Sinn, auf diesem brüchigen Fundament weiterzubauen. Solche Bemühungen von seiten der Juden werden letztlich von den Nichtjuden nicht anerkannt. „Wir haben überall ehrlich versucht, in der uns umgebenden Volksgemeinschaft unterzugehen und nur den Glauben unserer Väter zu bewahren. Man läßt es nicht zu. Vergebens sind wir treue und an manchen Orten sogar überschwängliche Patrioten, vergebens bringen wir dieselben Opfer an Gut und Blut wie unsere Mitbürger, vergebens bemühen wir uns, den Ruhm unserer Vaterländer in Künsten und Wissenschaften, ihren Reichtum durch Handel und Verkehr zu erhöhen. In unseren Vaterländern, in denen wir ja auch schon seit Jahrhunderten wohnen, wurden wir damals als Fremdlinge ausgeschrien, oft von solchen, deren Geschlechter noch nicht im Lande waren, als unsere Väter da schon seufzten. Wer der Fremde im Lande ist, das kann die Mehrheit entscheiden; es ist eine Machtfrage . . ."

Als Vorschlag unterbreitet er den Plan eines *souveränen Staates*. Argentinien und Palästina erscheinen ihm als Länder, die für eine Besiedlung durch Juden in Frage kommen. Eine Entscheidung darüber wird nicht getroffen. Palästina erscheint „als unsere unvergeßliche historische Heimat. Dieser Name allein wäre ein gewaltig ergreifender Sammelruf für unser Volk". Doch ausschlaggebend bleibt die Staatwerdung der Juden; die Standortfrage steht an zweiter Stelle. „Die Juden, die wollen, werden ihren Staat haben. Wir sollen endlich als freie Männer auf unserer eigenen Scholle leben und in unserer eigenen Heimat ruhig sterben."

Das Echo auf dieses Buch war nachhaltig. Von verschiedenen Seiten wurde Herzl angegangen, den Vorsitz über die zionistische Bewegung zu übernehmen. So berief er für August 1897 den *Ersten Zionistischen Weltkongreß* nach Basel ein. In dem dort verabschiedeten Baseler Programm ist die Entscheidung für Palästina gefallen. Es heißt dort: „Der Zionismus erstrebt für das jüdische Volk die Schaffung einer öffentlich-rechtlichen Heimstätte in Palästina." An diesem Ziel hielt man trotz anderer Vorschläge fest. Als im Jahre 1903 der Gedanke an eine Besiedlung Ugandas (Ostafrika) auftauchte, setzten sich die am meisten von Verfolgungen heimgesuchten

Juden aus Rußland dagegen heftig zur Wehr. Herzl versicherte ihnen: „Das jüdische Volk kann selbstverständlich kein anderes Endziel haben als Palästina." Uganda sei nur eine Zwischenlösung. Die russischen Juden verließen weinend den Kongreß und hielten eine Trauerversammlung ab. Herzl begab sich zu ihnen und beteuerte auf hebräisch – das einzige Mal, daß er in seinem Leben diese Sprache redete –: „Vergesse ich dein Jerusalem, so werde meiner Rechten vergessen." (Ps. 137, 5)

Nach dieser endgültigen Festlegung der Zionisten auf eine Rückkehr nach Palästina bildete die sogenannte Balfour-Erklärung eine entscheidende Etappe auf dem Weg zum eigenen Staat. In einem Brief an Baron von Rothschild vom 2. November 1917 hatte sich Lord Balfour im Namen der englischen Regierung mit den Zielen des Zionismus einverstanden erklärt. Es heißt dort: „Seiner Majestät Regierung betrachtet die Schaffung einer nationalen Heimstätte in Palästina für das jüdische Volk mit Wohlwollen und wird die größten Anstrengungen machen, um die Erreichung dieses Ziels zu erleichtern, wobei klar verstanden werde, daß nichts getan werden soll, was die bürgerlichen und religiösen Rechte bestehender nichtjüdischer Gemeinschaften in Palästina oder die Rechte und die politische Stellung der Juden in irgendeinem anderen Lande beeinträchtigen könnte." Es soll uns jetzt nicht interessieren, daß im Tauziehen der Auslegung die erste und zweite Hälfte dieser Erklärung gegeneinander ausgespielt wurde. Eines steht fest, daß diese amtliche Äußerung der britischen Regierung die rechtliche Grundlage bildete, auf der nach viel Wirrsalen und Rückschlägen am 14. Mai 1948 die Selbständigkeit des Staates Israel proklamiert wurde. Die Vollversammlung der Vereinten Nationen hatte mit Einschluß der Sowjetunion zuvor am 27. November 1947 die Errichtung eines jüdischen Staates gutgeheißen. Damit wurde der Plan der oben genannten Balfourerklärung verwirklicht; ihr Verfasser hatte dieselbe in einer Rede vor dem britischen Parlament mannhaft verteidigt: „Wenn das Christentum, eingedenk allen Unrechts, das es getan, diesem Volk, ohne anderen zu schaden, eine Chance geben kann, damit es zeigen könne, ob es eine eigene Kultur in einem eigenen Heim zu entwickeln vermag, in dem es vor aller Unterdrückung gesichert ist, wäre es dann nicht gut zu sagen: Wir werden es tun?"

In der feierlichen Proklamation des neuen Staates wird bewußt an die Tradition der Vergangenheit angeknüpft und dieses Ereignis als die Erfüllung langen Wartens und bangen Hoffens gewertet: „Im Land Israel stand die Wiege des jüdischen Volkes; hier wurde sein geistiges, religiöses und politisches Antlitz geformt, hier führte es ein Leben staatlicher Selbständigkeit, ... hier schenkte es der Welt das unsterbliche ‚Buch der Bücher'. Mit Gewalt aus seinem Land vertrieben, bewahrte es ihm in allen Ländern der Diaspora die Treue und hörte niemals auf, um die Rückkehr in sein Land und die Erneuerung der politischen Freiheit zu beten und auf sie zu hoffen."

Die Verpflichtung gegenüber allen Juden auf der Welt zeigt sich darin, daß ihnen jederzeit Heimatrecht in diesem Lande zugebilligt wird. „Dieser Staat wird seine Tore für jeden Juden öffnen ..." Jüdische Einwanderer sind seither aus allen Teilen der Welt nach Israel gekommen, um am Aufbau dieses Staates mitzuarbeiten, der sich in seiner Struktur und seinem Wesen im Blickwinkel der biblischen Botschaft sieht. Als sozialer Rechtsstaat, der Glaubens- und Gewissensfreiheit achtet, „wird er auf den Grundlagen der Freiheit, Gleichheit und des Friedens – im Licht der Weissagungen der Propheten Israels – gegründet sein".

Man spürt in dieser Erklärung etwas von dem Dank und Stolz, den diese Juden darüber empfinden, endlich wieder Herren in einem eigenen Hause zu sein. Es ist aber auch die feste Entschlossenheit herauszuhören, dieses neue Haus gegen jeden Eindringling zu schützen.

Dieser Aufgabe mußte der junge Staat nur zu bald nachkommen. Am 15. Mai 1948 versuchten die Armeen von fünf arabischen Staaten, Israel den Garaus zu machen. Sie stießen auf erbitterten Widerstand. Nach heldenhafter Gegenwehr wurde durch Vermittlung der Vereinten Nationen ein Waffenstillstand geschlossen. Für die Araber war dies nur eine Ruhepause auf dem Weg zur völligen Vernichtung Israels, aber kein Anfang erster Schritte zum Ausgleich und zum Frieden. Im Februar 1956 erging folgender Befehl an die ägyptische Armee: „Jeder Kommandant hat sich und seine Soldaten für die Schlacht mit Israel vorzubereiten ... mit dem Ziel, unsere erhabene Tradition zu verwirklichen, Israel zu überwältigen und in kürzest möglicher Zeit und mit der größten Grausamkeit im Kampf zu zerstören." Diese Bedrohung konnte Israel durch den Sinaifeldzug (Oktober 1956) abwenden, wurde aber um die Frucht seines Sieges dadurch gebracht, daß die mit ihm verbündeten Großmächte England und Frankreich von ihrer Suez-Expedition durch die Vereinigten Staaten und die Sowjetunion zurückgepfiffen wurden. Als einziges Ergebnis blieb ihnen der Zugang zum Hafen von Eilath durch den Golf von Akaba. An diesem Punkt entzündete sich die dritte Runde der kriegerischen Auseinandersetzung, als Staatspräsident Nasser im Mai 1967 durch die Blockierung der Straße von Tiran diese wichtige Lebensader für Israel durchschnitt. Daraus ergab sich der Sechs-Tage-Krieg im Juni 1967, in dem Israel seinen Gegnern eine vernichtende Niederlage beibrachte.

Dabei darf man nicht vergessen, daß die Führer der arabischen Staaten immer wieder zur Zerstörung Israels aufgerufen hatten. Im August 1961 erklärte Nasser gegenüber Israel: „Wir leugnen nicht, daß wir den Krieg wünschen. Wir wünschen den Krieg. Dies ist unser Recht." Kurz vor dem Ausbruch der Feindseligkeiten, die nachher niemand gewollt hatte, sagte König Hussein von Jordanien (am 1. 6. 1967): „Wir sind bereit für die Schlacht, auf die wir so lange gewartet haben: Vernichtung Israels." Aus solchen Äußerungen geht klar hervor, wer diesen Krieg planmäßig vorbereitet hat.

Das Kernproblem für die Existenz Israels ist schon immer das Verhältnis zu seinen arabischen Nachbarn gewesen. Dies wird auch in der Proklamation bei der Staatsgründung Israels unterstrichen: „Wir strecken allen Nachbarstaaten und ihren Völkern die Hand zum Frieden und auf gute Nachbarschaft entgegen und appellieren an sie, mit dem in seinem Land selbständig gewordenen jüdischen Staat zusammenzuarbeiten.“ Diese Erklärung ist bis jetzt ohne zustimmendes Echo geblieben. Eine Beruhigung im Nahen Osten kann sich jedoch nicht durchsetzen, solange nicht erste Schritte auf diesem Weg der Verständigung gegangen werden.

Die Bereitschaft zu einem solchen Zusammenleben hat von jeher der bedeutende Führer des Zionismus und erste Staatspräsident Israels, Chaim Weizman, befürwortet. Gegenüber allen Widerständen in den eigenen Reihen hat er den Kurs der Mäßigung, Besonnenheit und Sachlichkeit durchgehalten und sich damit durchgesetzt. Im Jahre 1923 gab er dazu in Baltimore eine richtungweisende Erklärung ab: „Seit Jahren haben wir politische Resolutionen des Inhalts formuliert, daß wir Juden wünschen, mit den Arabern in Frieden zu leben ... Doch sobald es dazu kommt, wirksame und entscheidende Schritte zur Durchführung dieser Resolution zu unternehmen, weil die Lösung all dieser Probleme eine Lebensfrage für unsere Arbeit in Palästina ist, wird man von allen Seiten angegriffen. Ein Geschrei wird erhoben, daß man alles, was dem Zionismus heilig ist, an die Araber oder sonst jemand verkauft.“ In nüchterner Beurteilung der schwierigen Lage eines künftigen jüdischen Staates in Palästina, führte er weiter aus: „Was immer aus der Nationalen Heimstätte werden mag: Selbst wenn sie Millionen von Juden absorbiert und wenn, wie ich hoffe, eine jüdische Mehrheit in Palästina existieren wird, – sie wird immer eine Insel im arabischen Meer bleiben.“ Darum die Folgerung und Forderung: „Wir müssen zu einer Verständigung mit diesem Volk kommen, das mit uns verwandt ist und mit dem wir in der Vergangenheit in Eintracht gelebt haben.“ Dieser Weg zu den Arabern wurde schon damals als schwierig angesehen: „In Eretz Israel (Land Israel) ... lebt ein Volk, das sich unserem Kommen widersetzt und das Palästina von Norden und Süden, von Osten und Westen eingekreist hält, und mit ihm haben wir uns in einer ernsthaften Weise zu arrangieren.“

Diesem *Widerstand* wurde Ausdruck verliehen durch einen führenden Araber; seine mild formulierten Äußerungen zeigen die tiefe Befremdung und Abneigung, die man von dieser Seite einer jüdischen Heimstätte in Palästina entgegenbrachte. „Unser Bruder ist nach Europa und nach dem Westen gegangen und verändert wiedergekommen. ... Der Jude, unser alter Vetter, ist zurückgekehrt mit imperialistischen und materialistischen Ideen ... Er ist nicht mehr der alte Vetter und wir haben kein sehr warmes Willkommen für ihn. Der Zionist, der neue Jude, will herrschen ... Die Araber sagen einfach nein."

Übertriebenen Heißspornen in der eigenen Bewegung bot Chaim Weizman unbeirrt Widerpart und ließ sich von dem Gedanken des *Ausgleichs* nicht abdrängen. Als ihm deshalb von Vertretern des radikalen Flügels auf dem 22. Zionistenkongreß in Basel (1946) das Wort „Demagoge" entgegengeschleudert wurde, ging er darauf folgendermaßen ein: „Ihr wißt, daß ich euch die *Wahrheit* sage und euch warne vor trügerischen Vorspiegelungen, vor Übertreibungen, vor falschen Propheten, vor Verdrehung der Tatsachen. Wenn ihr denkt, ihr könnt die Erlösung durch unjüdische Methoden herbeiführen, wenn ihr den Glauben an harte Arbeit und bessere Tage verliert, dann treibt ihr Götzendienst und gefährdet, was wir aufgebaut haben. Ich wollte, ich hätte eine feurige Zunge, die Kraft von Propheten, um euch vor den Wegen Babylons und Ägyptens zu warnen. Zion soll durch *Gerechtigkeit* erlöst werden und durch kein anderes Mittel."

Wenn schon bei politischen Erwägungen solche Gedanken zum Zuge kommen, dann müssen dieselben erst recht laut werden, wenn man über *den Sinn der Ansiedlung und den Auftrag eines jüdischen Staates* in Palästina nachdenkt. Dies ist vor allem durch den gelehrten Denker Martin Buber geschehen. In einer treffenden Weise zeigt er, wie im Begriff der Vorstellung von einer jüdischen „Wiedergeburt" zwei grundverschiedene Meinungen enthalten sind, die je in eine andere Richtung weisen.

Da ist einmal der Gedanke, daß „Wiedergeburt" mit *Normalisierung* gleichzusetzen sei. Diese Tendenz sieht

Martin Buber als riesengroße Gefahr an. Es handelt sich hier um „das natürliche, nur allzu natürliche Verlangen, ‚wie alle Völker zu sein'. Es ist damals den Juden nicht gelungen, normal zu werden." Im Blick auf die Staatwerdung Israels äußert er besorgt die Meinung: „In dieser Stunde scheint es ihm in einem furchtbaren Maße zu gelingen." Die Gleichsetzung von Aufgabe Israels mit den vermeintlichen Interessen der Nation „entpuppt sich als eine Form der nationalen Assimilation, die gefährlicher ist als jede individuelle war. Denn diese verdarb nur die sich assimilierenden Einzelnen und Familien, die nationale aber zersetzt den Wesenskern Israels." Buber bezeichnet diese Angleichung an das Verhalten der anderen Völker als das „Spiel einer gemeinsamen Selbsttäuschung, hinter dem der Tod der Seele lauert".

Er selbst versteht dagegen unter „Wiedergeburt", daß „von neuem ein echtes Israel aufkomme". Dies bedeutet nicht den „gesicherten Fortbestand des Volkes", sondern „eine Existenz der Verwirklichung". Entscheidend ist, daß Israel das wird, was es meint und aussagt. Darum darf man um keinen Preis absehen von der Erwählung von Volk und Land durch den lebendigen Gott. „Seine Erwählung heiligt das Volk als die Schar, der er unmittelbar gebietet, und das Land als seinen Königssitz, und weist sie aufeinander an." Deshalb darf es nicht dazu kommen, diesen ausschlaggebenden Gesichtspunkt aufzugeben. „Wenn Israel auf das Geheimnis verzichtet, verzichtet es auf den Kern seiner Wirklichkeit selber. Nationale Formen ohne den ewigen Sinn, aus dem sie entstanden sind, bedeuten das Ende der spezifischen Fruchtbarkeit Israels." Diese aus der Offenbarung stammende Bestimmung ist darum für das Geschick dieses Volkes und dieses Landes von entscheidendem Gewicht. Martin Buber ist darum der Überzeugung: „Wenn Israel weniger will, als mit ihm gemeint ist, wird es auch das Wenige verfehlen."

In der Sicht eines von der Offenbarung Gottes geprägten Juden hat darum der Staat Israel einen nicht zu übersehenden Zeichencharakter. Rabbiner Sinai (Israel) nennt dafür drei Begründungen: „Erstens: Die seit Jahrhunderten zerstreuten Juden sammeln sich in Israel und wachsen als Nation zusammen. Zweitens: Das Land der Väter, das lange wüste gelegen hat, wird wieder von gläubigen Menschen bebaut. Daran erkennen wir, daß Gott uns wieder segnet. Drittens: Die heilige Sprache unserer Väter verbindet die Juden in Israel zu neuer brüderlicher Gemeinschaft und Verständigung und wirkt damit wegweisend für die ganze Welt."

Daß Juden nach so langer Zeit in diesem großen Umfang nach Palästina zurückgekehrt sind und dort einen souveränen Staat gebildet haben, ist ein wichtiges Ereignis. Als Christen dürfen wir erkennen, daß der lebendige Gott hier in unverbrüchlicher Treue zu seinen Zusagen gegenüber seinem Volk steht. So wird das Wiedererstehen Israels als Volk und seine Rückkehr in das ihm verheißene Land zu einem Zeichen der Zeit. Das in der Staatsgründung uns begegnende Geheimnis Israels erschließt sich dem geschärften und kritischen Auge des Glaubens als ein Hinweis auf die Treue und Beständigkeit des lebendigen Gottes. Er führt seinen Plan an diesem Volke durch und läßt sich durch keine Widerstände davon abbringen. Dieses unerschütterliche Festhalten an seinem Bund und Plan darf uns mit Hoffnung erfüllen. Die uns mit Jesus Christus geschenkte Gewißheit des Heils wird durch das Wirken Gottes an Israel bestätigt.

3. Die tiefe Verbundenheit

In den kritischen Augenblicken vor dem Ausbruch des Sechs-Tage-Krieges (1967) gab ein angelsächsischer Diplomat einer Ordensfrau auf deren besorgte Frage eine schreckliche Antwort. Diese Nonne war bestürzt durch die in der Altstadt Jerusalems von den Arabern verbreiteten Morddrohungen gegen die Juden; dort schickte man sich an, die gesamte jüdische Bevölkerung der neuen Stadt Jerusalem nach dem unmittelbar bevorstehenden Sieg der Araber über Israel auszurotten. Dazu bemerkte der Diplomat: „Beunruhigen Sie sich nicht, meine Schwester, nach drei Tagen eines solchen Massakers werden die Araber in ihrem Morden ermüden, aber es werden dann in Jerusalem immer noch mehr Juden als nötig am Leben bleiben." Dieses bitterböse Wort zeigt den tödlichen Ernst der Bedrohung Israels in diesen Tagen auf. Auf dem Hintergrund dieser unheimlichen Gefahr muß die erschütternde Betroffenheit der Juden in aller Welt, aber auch die Bestürzung vieler Nichtjuden gesehen werden. Das nachträgliche Herunterspielen solcher Äußerungen legt mehr das schlechte Gewissen über untätiges Schweigen bloß, als daß es von nüchternem Sinn für die Wirklichkeit Zeugnis ablegt.

Dieses Geschehen um den Sechs-Tage-Krieg hatte tiefe Auswirkungen auf das Judentum und die Juden in aller Welt. Zunächst legte der Schatten des sich hier abzeichnenden Unheils auf viele Juden wie eine lähmende Angst. Wochenlang wurde von Juden der 83. Psalm gebetet, in dem die Feinde Israels zu dessen Vernichtung aufrufen: „Wohl her, so sprechen sie, laßt uns sie ausrotten, daß sie kein Volk mehr seien, daß des Namens Israel nicht mehr gedacht werde" (5), und in dem dann inständig um Gottes rettendes Eingreifen gefleht wird. Der jüngst verstorbene (Dezember 1972) jüdische Gelehrte Abraham Heschel (New York) schildert diese innere Not: „Schrecken und Furcht waren überall auf die Juden gefallen. Wird es Gott zulassen, daß unser Volk untergeht? Wird sich noch einmal ein Auschwitz, ein Dachau, ein Treblinka ereignen?" Wie bedrängend diese Angst in die letzten Tiefen der Seele vorstieß, geht aus einem Gespräch Abraham Heschels mit einem christlichen Freund hervor. Dieser hatte ihn nämlich gefragt: „Warum sind Sie eigentlich so schrecklich aufgebracht und verzweifelt?" Heschel gab zur Antwort: „Stellen Sie sich vor, in der ganzen Welt gäbe es nur noch ein Exemplar der Bibel, und plötzlich müßte ich mitansehen, wie eine brutale Hand nach diesem einzigen Exemplar auf der ganzen Welt greift und sich anschickt, dies in die Flammen zu werfen."

Diese Angst wurde bestätigt durch die Einsamkeit Israel in diesen Tagen. Niemand stand ihm zur Seite. Der

Schriftsteller Claude Vigée brachte dies so zum Ausdruck: „Seit 1940 habe ich mit aller Traurigkeit, aber auch mit aller wünschenswerten Deutlichkeit begriffen: Wenn es für uns Juden um Leben und Tod, um unsere Menschenwürde und um unsere Freiheit geht, wir selbst zu sein in einer Welt, die unsere geistliche und moralische Besonderheit nicht zuläßt, dann können wir, die wir die Massenvernichtung im 20. Jahrhundert überlebt haben, nur auf uns selbst zählen. In der harten Perspektive der Weltgeschichte will allein Israel ohne Vorbehalt und innere Einschränkung die Freiheit, die Gleichheit und die Brüderlichkeit für Israel." Ein deutliches, nachdenkliches und – leider! – kaum zu widerlegendes Wort! Diese „überwältigende Einsamkeit" beklagt auch Nahum Glatzer: „Das Beispiel, daß Juden getötet wurden, während die Welt beiseite stand, war noch aus der jüngsten Geschichte gegenwärtig. Und im Jahre 1967 stand die Welt beiseite, und Israel war wirklich ganz deutlich allein." Auch Abraham Heschel ist über dieses Verhalten tief betrübt: „Die Welt schwieg, als 6 Millionen starben, und sie schwieg wiederum, mit Ausnahme von einzelnen Freunden. Die Angst war ermüdend, und die Vereinsamung schrecklich! Ein Volk, das allein wohnt" (4. Mose 23, 9).

Dabei war zumindest die Christenheit durch die von Hitler durchgeführte Judenvernichtung gewarnt. Sie konnte, sie durfte doch einer solchen Bedrohung der Juden nicht untätig und schweigend zusehen. Stand man nicht im Begriff, durch Schweigen schuldig zu werden? Auf dem Kirchentag in Köln (1965) rief Helmut Gollwitzer aus: „Solange sie (die arabischen Führer) die Vernichtung Jerusalems planen, muß sich die Christenheit verantwortlich wissen für die Verhinderung dieser Vernichtung ... Eine Christenheit, die ein zweites Mal in unserem Jahrhundert einem großen Morden an den Juden untätig zusieht, wäre ein Ekel vor Gott." Wenn man von Aktionen und Worten einzelner Christen absieht, ist die Kirche stumm geblieben und hat keine klare Stellung bezogen. Im Gegenteil! In manchen kirchlichen Kreisen setzte nach dem Sieg Israels ein gehässiges Kesseltreiben gegen diesen Staat und seine angebliche Gewalttätigkeit ein; man konnte sich so auf die die Ausrottung Israels immer noch im Schilde führenden Araber schlagen und zugleich dem peinlichen Schweigen in der Stunde der Gefahr einen Schein des Rechts geben. Daß Bischof Scharf (Berlin) am 16. Juni 1967 in einem Sabbatgottesdienst eine sehr deutliche Sprache führte, bedeutete für viele Christen eine wirkliche Erleichterung. Bischof Scharf sagte unter anderem: „Durch Schweigen und Unterlassen sind wir damals mitschuldig geworden an dem Frevel, der durch Menschen unseres Volkes über Juden gebracht worden ist. Das macht uns zu Mitbeteiligten. Darum achtet darauf, daß wir nicht durch Unterlassen und Schweigen neue Schuld auf uns laden." Dieses Wort wurde erst deshalb nach den Kriegsereignissen laut, weil die Berliner Kirchenleitung eine Solidaritätsentschließung der EKiD abwarten wollte, die aber zu ihrer großen Enttäuschung nicht erfolgte.

Dieses Schweigen der Christenheit ist wie ein Reif auf dem vielerorts in Gang gekommenen Gespräch zwischen Juden und Christen. Jakob Neusner, ein Rabbiner aus den Vereinigten Staaten, brachte dieses Unbehagen zum Ausdruck: „Es will mir scheinen, als dürfe man das Schweigen der meisten Führer des Christentums in Amerika (obwohl nicht alle geschwiegen haben) in dem Augenblick nicht übersehen, an dem der Genozid am israelischen Volk bevorzustehen schien ... Ein Partner im jüdisch-christlichen Dialog scheint hier in einer peinlichen Weise Stillschweigen bewahrt zu haben." Dies gilt nicht nur für Amerika. Die in diesem Schweigen sich meldende Unsicherheit auf der Seite der Kirche hat das begonnene Gespräch weithin in Frage gestellt und blockiert. Doch sind – zum Glück! – auf jüdischer Seite auch Stimmen laut geworden, die diese Ernüchterung als Chance für ein notwendiges Überdenken werten, und der Meinung sind, die innere Kraft eines solchen brüderlichen Gesprächs brauche vor diesen Hindernissen nicht zu kapitulieren, sondern werde sich durchsetzen.

In jedem Fall haben die Ereignisse um den Sechs-Tage-Krieg eine weltweite Solidarität der Juden mit

Israel ausgelöst. Die meisten Juden waren von der Tiefe dieses Zugehörigkeitsgefühls überrascht. Dieses Zusammenrücken übersprang die Grenzen zwischen den Generationen und den einzelnen Richtungen innerhalb des Judentums. Niemand hatte damit gerechnet. Rabbiner Richard Rubinstein unterstreicht dies: „Ich kann berichten, daß viele Juden, denen ihrer Meinung nach eine innere Verbindung mit jüdischem Leben abging, überwältigt waren von ihrer Verflochtenheit mit der Not Israels ... Ich muß auch mein Erstaunen über die Tiefe meiner eigenen Gefühle bekennen. Es gibt unbewußte Tiefen in der Erscheinung jüdischen Wesens, die auch diejenigen unter uns nicht ergründen können, die ihr Leben mit der Erforschung des Judentums zubringen. Keine jüdische Theologie kommt ihrer Aufgabe nach, wenn sie es unterläßt, der Antwort der Juden in aller Welt auf Israels Kampf Rechnung zu tragen."

Diese *Wiederentdeckung oder Vertiefung des Judentums* bedeutet auch eine neue Verknüpfung mit der Geschichte Israels. „Plötzlich spürten wir die Verbindung zwischen den Juden dieser Generation und dem Volk aus der Zeit der Propheten" (Abraham Heschel). Diese plötzlich aufgetretene Begegnung mit dem Judentum und dem jüdischen Schicksal hat nicht wenige Juden, auch aus der jüngeren Generation, zu dem Entschluß geführt oder in dem Bemühen bestärkt, sich wieder mit dem Judentum in seinem ganzen Umfang zu beschäftigen. Die jüdische Antwort auf die Bedrohung und Errettung Israels in den Sommertagen 1967 besteht darum weithin in dem festen Willen, in dem Sinn einer erneuten und vertieften Zuwendung zum Judentum Juden zu bleiben.

V. Aufgaben und Ausblicke

Zunächst ist es unsere Aufgabe, in diesem umfassenden Gebiet der gegenseitigen Beziehungen zwischen Juden und Christen nüchtern und besonnen aufzuklären. Dies ist ein wichtiger und unaufgebbarer Dienst. Die jetzt in New York lebende Dichterin Ilse Blumenthal-Weiß mahnt dazu in beschwörenden Worten: „... Wer jetzt nicht alles tut, um aufzuklären und zur Verständigung beizutragen, lebt von mir geschieden ... Es wird immer so schrecklich viel geredet, und es gehen so viele Phrasen um. Aber getan wird, im Grunde genommen, vom Volke aus nichts." Die dumpfe Gleichgültigkeit muß durchbrochen werden, nicht durch irgendeine sentimentale Ergriffenheit, die wieder verfliegt, sondern durch eine zähe, beharrliche und in die Tiefe greifende Wissensvermittlung, die sich bis in die alltägliche Ausdrucksweise hinein niederschlagen muß. Der Unrat der Vorurteile und der Halbwahrheiten muß gründlich weggefegt und aufgeräumt werden. In einer zielbewußten Unerbittlichkeit wird sie zumindest eines zustande bringen: Der Antisemitismus muß seine Masken fallenlassen; er muß sich ohne die anderswoher geborgten weltanschaulichen Feigenblätter in seiner schändlichen und häßlichen Nacktheit als der maßlose Haß gegen Israel und die Juden enthüllen. Ein Schüler in München stellte in einem Aufsatz (1960) die nachdenkliche Frage: „Warum schreiben die Verfasser der Geschichtsbücher nichts über diese Dinge? Warum wird in unseren Schulbüchern nur die militärische Seite des Zweiten Weltkriegs beleuchtet? Wenn man uns das alles sagen würde, wären wir dann nicht viel sicherer vor der Wiederholung einer Katastrophe?"

Dazu gehört, daß im Religionsunterricht die Darstellung des Judentums in einer sachlichen und anschaulichen Weise erfolgt; es darf nicht mehr vorkommen, daß durch eine verzerrte Darstellung der Juden und des Judentums Abneigung und Haß gegen die Juden geweckt werden. Dies ist leider geschehen, auch heute wird es immer wieder deutlich, daß vor allem die Art der Darbietung der

Leidensgeschichte zu einer gefährlichen Einfallspforte für eine tiefgreifende Eingenommenheit gegen die Juden werden kann. Darum legte auch die Vollversammlung des Ökumenischen Rats in Neu Delhi (Dezember 1961) gerade auf diesen Punkt ein so nachdrückliches Gewicht. Es heißt dort: „In der christlichen Unterweisung sollten die geschichtlichen Tatsachen, die zur Kreuzigung Christi führten, nicht so dargestellt werden, daß sie dem jüdischen Volke von heute die Verantwortung auferlegen, die uns, der Menschheit als ganzer, zur Last fallen und nicht einer einzelnen Rasse oder Gemeinschaft." Dieser Gedanke wurde aufgenommen in die Erklärung über die nichtchristlichen Religionen von Vaticanum II (1965).

Zunächst wird hier jede Kollektivschuld der Juden an der Kreuzigung des Jesus von Nazareth eindeutig abgelehnt; weder alle damaligen noch die heute lebenden Juden können damit belastet werden. „Man darf die Juden nicht als von Gott verworfen oder verflucht darstellen, als wäre dies aus der Heiligen Schrift zu folgern. Darum sollen alle dafür Sorgen tragen, daß niemand in Katechese und Predigt des Gotteswortes etwas lehre, das mit der evangelischen Wahrheit und dem Geist Christi nicht im Einklang steht."

Die Möglichkeit einer richtigen Unterweisung hängt in weitem Umfang davon ab, ob solides, leicht verständliches und nicht zu teures Material für den Unterricht zur Verfügung gestellt werden kann. Jeder Aufruf zu einer sachgerechten Einbeziehung des Judentums und der Juden in die Darbietung des Religionsunterrichts muß ohne Echo verhallen, wenn nicht von den dafür verantwortlichen Stellen in den Kirchen mit Eifer, Sachkenntnis und mit Unterstützung von ausgewiesenen Fachleuten ans Werk gegangen wird. Dazu gehört auch die gründliche Überprüfung von derzeit gebrauchten Religionsbüchern. Untersuchungen haben ergeben, daß darin noch starke antisemitische Tendenzen vorhanden sind. Weithin wird das Judentum verzerrt dargestellt und immer noch als das Volk der Gottesmörder bezeichnet. In einer Erklärung der Arbeitsgemeinschaft Juden–Christen (Kirchentag Köln 1965) wird daraus der richtige Schluß gezogen: „Die Kinder werden damit im bildsamsten Abschnitt ihres Lebens zu einer Haltung des Abscheus und des Grauens erzogen, zu einer Einstellung, die sich nie wieder verliert und damit eine neue Generation vergiftet."

Man kann diesen Gedanken nur zustimmen. Die Ernsthaftigkeit bei der Neuordnung unserer Verhältnisse zu den Juden und dem Judentum wird in der Mühe und an dem Zeitaufwand abzulesen sein, mit denen unsere Landeskirchen an diese dringliche Aufgabe herangehen und sie zu einem guten Ende führen.

Hüten müssen wir uns in unserem Verhältnis gegenüber den Juden – und dies mag zunächst seltsam klingen! – vor jeder Art von Philosemitismus. Ein solches Verhalten erscheint natürlich nach den grauenhaften Explosionen des Judenhasses in der hinter uns liegenden Zeit mehr als verständlich. Aber Achtung! Wir dürfen nicht in dieser Weise die Juden dauernd mit einem von uns stammenden Vorzeichen versehen, das einmal negativen, dann aber auch wieder positiven Charakter hat. Dieses Schaukelspiel zwischen Verteufelung und Verherrlichung wird letzten Endes immer wieder zugunsten des Antisemitismus ausgehen, dann nämlich, wenn wir entdecken, daß wir mit unserer – oft aus der Verdrängung eines schlechten Gewissens stammenden – Begeisterung ein Bild von den Juden zurechtmalten, das es gar nicht gibt oder zumindest durch den oder jenen Juden gründlich widerlegt wird. Aus Enttäuschung pflegt dann eine solche Idealisierung in Dämonisierung umzuschlagen, und in diesem Sinne muß man wohl gerade den wohlgereimten Philosemitismus als eine Auffahrtsrampe zum nächsten Antisemitismus bezeichnen. Die Andersartigkeit der Juden läßt sich nicht in bestimmten positiven oder negativen Eigenschaften festlegen; sie besteht ja in der Besitzergreifung dieses Volkes durch den lebendigen Gott, der sie als sein Eigentum festhält und nach seinen – allen unseren Weltanschauungen entgegengesetzten – Weisungen führt. Die Fremdartigkeit der Juden ist also nicht irgendeine ihnen innewohnende Andersartigkeit, sondern sie rührt daher, daß die Juden anders dran sind, weil der lebendige Gott, der „ganz Andere", die Hand auf sie gelegt hat.

Eine neue Begegnung zwischen Juden und Christen ist notwendig. Jeder muß hier zunächst sein Eigenes in freundlichem und strengem Gespräch laut werden lassen und dafür einstehen, daß als Zeugnis vom lebendigen Gott Anspruch und Anfrage in einem ist, und aufzurufen zu einem beständigeren Glauben, einer tieferen Liebe und einer treueren Hoffnung. Wir Christen leiden unter der Last der Vergangenheit, nicht nur unter der der jüngsten Zeit, sondern auch unter so mancher Fehlentwicklung in der Geschichte. Manchen angesammelten Schutt schiefer Meinungen und grober Mißverständnisse gilt es wegzuschaffen. Eine solch tiefgreifende Bereinigung und ihr wirkliches Gelingen steht allein in Gottes Hand. Wir dürfen aber darum bitten, daß wir von der Wohltat seiner alles neu ordnenden Vergebung her auch auf diesem Wege wirkliche Schritte aufeinander zutun dürfen und nicht mehr getrennt bleiben müssen, weil Gottes Versöhnung sich als mächtiger erweist.

Damit ist auch eine gründliche Neubesinnung im Blick auf die Geschichte der Christenheit geboten. Natürlich kann die Geschichte der Christenheit nicht in Bausch und Bogen mit einem heftigen Judenhaß gleichgesetzt werden. Wir dürfen aber auch nicht davor zurückschrecken, mutig, besonnen und eindeutig allen verkehrten Ansätzen nachzugehen und sie aufzudecken. Ein grundsätzlicher Judenhaß darf kein Heimatrecht in der Kirche beanspruchen; wo er sich, laut oder leise, offen oder versteckt breitmacht, müssen wir ihm entschieden die Türen weisen. Daran darf uns auch der gebotene Respekt gegenüber den Lehrern der Kirche nicht hindern. Es geht hier nämlich nicht um irgendein seltsames Fündlein einiger Theologen, sondern um die Existenz der Kirche, die auf dem Fundament der Apostel und Propheten steht. Der Antisemitismus ist mehr als nur eine gefährliche Gruppenspannung. Er ist Aufruhr gegen den „Schem", den Namen Gottes, das heißt gegen seine Selbstmitteilung, und darum Selbstmord des Christentums.

Die Gefährlichkeit des Judenhasses wurde in der Kirche leider oft nicht begriffen. Dabei hat es an beschwörenden Warnungen nicht gefehlt. Mit Nachdruck wurde da und dort auf die Unheimlichkeit und die Zerstörungsgewalt des Antisemitismus hingewiesen. Vergeblich! Wir können nur hoffen, daß das mutige und prophetische Wort von Johannes Müller (1892) heute überall in der Kirche gehört wird. „Sollen wir uns wundern, daß diese entchristlichte Gesinnung auch die Fundamente des Glaubens angreift und die heiligen Urkunden verhöhnt, daß sie den Gott des Alten Testaments lästert und die Väter unseres Glaubens in den Kot ihrer Gemeinheit zerrt! Aber nichts kann die von Leidenschaft trunkenen Gemüter aus ihrem Taumel wecken. Darum ist es höchste Zeit, daß sich die verstreuten nüchternen Geister unter den Christen einmütig zum Zeugnis gegen diesen Einbruch der Finsternis in das Reich des Lichtes erheben. Nicht philosemitische Anwandlungen oder grauer Humanitätsdusel ist es, der zu diesem Alarmruf drängt, nicht liberale Ideale und Kulturgewissensbisse treiben die Entrüstung auf die Lippen: es ist ein Verzweiflungsschrei mitten heraus aus dem Niedergang des Christentums und dem Zusammenbruch seiner sittlichen Errungenschaft, ein Verzweiflungsschrei über die Selbstverwüstung seiner Anhänger. Wacht auf, ihr Schläfer, ehe das Feuer, das ihr gegen andere entflammt, euch das eigene Haus verzehrt!"

Bibliographie

1. H. G. Adler: Die Juden in Deutschland, München 1960, 178 Seiten.
2. Achim v. Borries, Herausg.: Selbstzeugnisse des deutschen Judentums 1870–1945, Frankfurt/M. 1962, Fischer-Bücherei Nr. 439, 203 Seiten.
3. Paul Démann: Das Judentum – Glaube und Schicksal, Aschaffenburg 1962, 128 Seiten.
4. N. N. Glatzer, Herausg.: Sendung und Schicksal des Judentums, Köln 1969, 250 Seiten.
5. Dietrich Goldschmidt – Hans Joachim Kraus, Herausg.: Der ungekündigte Bund, Stuttgart 1962, 313 Seiten.
6. Helmut Gollwitzer – Eleonore Sterling, Herausg.: Das gespaltene Gottesvolk, Stuttgart 1966, 355 Seiten.
7. Leo Hirsch: Jüdische Glaubenswelt, Gütersloh 1962, 190 Seiten.
8. Israel und die Kirche, Eine Studie im Auftrag der Niederländischen Reformierten Kirche, Zürich 1961.
9. Hans Joachim Kraus: Begegnungen mit dem Judentum, Stundenbuch, Hamburg 1963, 125 Seiten.
10. H. D. Leuner: Religiöses Denken im Judentum des 20. Jahrhunderts, Wuppertal 1969, 93 Seiten.
11. Waldemar Molinski, Herausg.: Unwiderrufliche Verheißung. Religiöse Bedeutung des Staates Israel, Recklinghausen 1968, 96 Seiten.
12. Rudolf Pfisterer: Von A bis Z. Quellen zu Fragen um Juden und Christen, Gladbeck 1971, 446 Seiten.
13. Rudolf Pfisterer: Im Schatten des Kreuzes, Hamburg 1966, 160 Seiten.
14. Harry Proß: Die Zerstörung der deutschen Politik, Frankfurt/M. 1959, Fischer-Bücherei Nr. 264, Seite 231 ff.
15. Schalom ben Chorin: Juden und Christen, unterwegs Nr. 12, Berlin 1960, 72 Seiten.
16. Margarete Susman: Deutung biblischer Gestalten, Konstanz 1960, 158 Seiten.
17. Christopher Sykes: Kreuzwege nach Israel, München 1967, 423 Seiten.
18. Rudi Zvi: Soziologie des jüdischen Volkes, Enzyklopädie (Rowohlts deutsche E.), 217/18, 1965, 238 Seiten.

D. Rudolf Pfisterer

wurde am 28. März 1914 in Weinsberg geboren, besuchte die Evangelisch-theologischen Seminare in Schöntal und Urach und studierte in Tübingen, Bonn und Königsberg evangelische Theologie. Schon als Student in engem Kontakt mit der Bekennenden Kirche. 1941 zum Pfarrer von Gelbingen, Kreis Schwäbisch Hall, ernannt. 1948 freiwillige Rückkehr in französische Kriegsgefangenschaft zur Betreuung des Gefangenenlagers Montélimar. Seit 1952 Pfarrer an der Jugendstrafanstalt in Schwäbisch Hall. Seit 1970 Dekan im Strafvollzug, außerdem stellvertretender Vorsitzender der Konferenz der evangelischen Pfarrer an den Vollzugsanstalten in der Bundesrepublik. Übersetzung zahlreicher theologischer Arbeiten aus dem Französischen ins Deutsche. Vorträge und Veröffentlichungen innerhalb des christlich-jüdischen Gespräches, insbesondere in der Arbeitsgemeinschaft „Juden und Christen" des Kirchentages und in einer Sendereihe des Süddeutschen Rundfunks. 1971 Veröffentlichung des Buches „Von A–Z", einer Quellensammlung zu Fragen um Juden und Christen. 1963 von der Freien Evangelisch-theologischen Fakultät in Paris für seine Bemühungen zwischen deutschen und französischen Protestanten mit der Ehrendoktorwürde ausgezeichnet.